Ralf Nestmeyer

111 Orte
an der Côte d'Azur,
die man gesehen
haben muss

W0231163

emons:

Bibliografische Information der Deutschen Nationalbibliothek
Die Deutsche Nationalbibliothek verzeichnet diese Publikation
in der Deutschen Nationalbibliografie; detaillierte bibliografische
Daten sind im Internet über http://dnb.d-nb.de abrufbar.

© der Fotografien: Ralf Nestmeyer,
außer S. 114, © Var Tourisme, Nicolas Barraquè
Gestaltung: Eva Kraskes, nach einem Konzept
von Lübbeke | Naumann | Thoben
Kartografie: altancicek.design, www.altancicek.de
Kartenbasisinformationen aus Openstreetmap,
© OpenStreetMap-Mitwirkende, ODbL
Druck und Bindung: Grafisches Centrum Cuno, Calbe
Printed in Germany 2015
ISBN 978-3-95451-563-9
Originalausgabe

Unser Newsletter informiert Sie
regelmäßig über Neues von emons:
Kostenlos bestellen unter
www.emons-verlag.de

Vorwort

Die Côte d'Azur gehörte zu den ersten Regionen Europas, die vom Tourismus erobert und verändert wurden. Die Engländer haben die Promenade des Anglais erfunden, Cannes die Filmfestspiele, und Saint-Tropez hat sich seinen eigenen Mythos geschaffen. Bis heute hat der 200 Kilometer lange Küstenstreifen ebenso wenig von seiner Anziehungskraft eingebüßt wie das bis zu den Seealpen reichende Hinterland.

Die Côte d'Azur ist eine geschichtsträchtige Landschaft, Spuren haben nicht nur die Römer hinterlassen, sondern auch die Alliierten, die hier die Befreiung Südfrankreichs in Angriff nahmen. Auch in kultureller Hinsicht hat der Küstensaum eine ungeheure Anziehungskraft: Nietzsche dichtete hier seinen Zarathustra, Jean Marais und Jean Cocteau hinterließen ebenso ihre Spuren wie Le Corbussier und Eileen Grey.

Den Fürstenpalast von Monaco, das Picasso-Museum von Antibes oder die Fondation Maeght gehören zum Pflichtprogramm einer Reise entlang der Côte d'Azur. Doch wer weiß, dass an der blauen Küste rostbraune Raumschiffe gelandet sind und sich tibetanische Dörfer übereinanderstapeln? Wer kennt das Denkmal für den belgischen Kongoschlächter Leopold II. oder war schon einmal in der buddhistischen Pagode von Fréjus? Wer weiß, wo man in Nizza Regenschirme kaufen oder in Saint-Tropez Schmetterlinge bewundern kann?

Dieses Buch führt zu 111 Orten an der Côte d'Azur, die durch ihren besonderen Charme oder ihren ungewöhnlichen Charakter zu begeistern wissen. Eine Reise, die auf Unterwasserpfaden, über Rolltreppen und durch geheimnisvolle überdachte Gassen hin zu »tätowierten Villen« und skurrilen Grabmälern führt. Die Côte d'Azur hat viele große und kleine Überraschungen zu bieten, die selbst Einheimischen oft nicht bekannt sind. Es warten 111 Verführungen zu kulturellen Highlights, Hotelruinen und entlegenen Bergdörfern in den Seealpen auf Sie.

111 Orte

1_ Die freie Kommune

Wo mit quadratischen Boulekugeln gespielt wird

Wir befinden uns im Jahre 2015. Die ganze Côte d'Azur ist von den Franzosen besetzt ... Die ganze Côte d'Azur? Nein! Ein Stadtviertel hört nicht auf, den Eindringlingen Widerstand zu leisten ...

Die Rede ist von der »Commune libre du Safranier« in Antibes. Diese freie Kommune wurde in den 1960er Jahren gegründet, allerdings nicht aus politischen Beweggründen, sondern um Feste zu veranstalten und die lokalen Traditionen hochzuhalten. Das »Hoheitsgebiet« der Kommune, der ein auf Lebenszeit gewählter Bürgermeister vorsteht, ist begrenzt auf das gleichnamige Stadtviertel in der Altstadt von Antibes und erstreckt sich zwischen der Rue de la Tourraque und der Rue du Haut Castellet. Das Zentrum bildet die Place du Safranier, die sich nur einen Steinwurf vom Meer entfernt hinter den Festungsmauern versteckt. Die schmalen Gassen des Viertels sind ein kleines Paradies mit beschaulichen Häusern, die mit bunten Blumen bewachsen sind. Nachbarn plauschen noch von Fenster zu Fenster. Übrigens lebte auch der berühmte griechische Schriftsteller Nikos Kazantzakis nach dem Zweiten Weltkrieg im Safranier-Viertel. Der Autor von »Alexis Sorbas« bewohnte in der Rue du Bas Castellet (Hausnummer 8) ein kleines Haus und verbrachte dort seine letzten Lebensjahre.

Die Aktivitäten der Kommune konzentrieren sich nach wie vor auf das Gemeinwesen. Es werden das ganze Jahr über zahlreiche Veranstaltungen durchgeführt, so das Fest der Kastanie oder das Fest der traditionellen Pistou-Suppe. Am 14. Juli organisiert man den in der ganzen Stadt beliebten »Bal National des boules carrées«, schließlich wollen auch die quadratischen Boulekugeln zu ihrem Recht kommen ...

Seit dem Jahr 1996 amtiert Zézé Marconi als Bürgermeister, der freimütig bekundet, es sei ihm mit dem Safranier-Viertel ähnlich ergangen wie Obélix mit dem Zaubertrank: »Ich fiel hinein, als ich noch ganz klein war.«

Adresse Place du Safranier, 06600 Antibes, www.communelibredusafranier.com |
Anfahrt Die Place du Safranier liegt im Südwesten der Altstadt. | **Tipp** Mitten
im Viertel an der Place du Safranier gibt es mit der Taverne du Safranier ein
beliebtes Restaurant mit großer Straßenterrasse. Montag- und Sonntagabend ist in
der Nebensaison Ruhetag (Tel. 0033/(0)493348050).

2 _ Der Nomade

Kunst am Yachthafen

Antibes – das ist das berühmte Picasso-Museum und der elegante Port Vauban. Der nach dem Festungsbaumeister Vauban benannte Yachthafen ist mit seinen 2.000 Liegeplätzen nicht nur der größte der Côte d'Azur, am Kai liegen auch die edelsten Yachten der Küste vor Anker. Selbst Schiffe mit einer Länge von über 50 Metern finden in dem Hafenbecken leicht Platz, weshalb man auch vom »Quai des Milliardaires« spricht. Dies ist nicht ironisch gemeint, denn hier liegen die aus James-Bond-Filmen bekannte Kingdom KR5 oder die Carinthia VII am Kai, nur Roman Abramovich hat Pech: Seine 163-Meter-Yacht Eclipse ist zu groß für den Hafen und muss in der Bucht vor sich hin dümpeln.

Nun, es gibt sicher Zeitgenossen, die schicke Motoryachten als Kunstobjekte bezeichnen würden, aber am Port Vauban kann man auch richtige Kunst bewundern: Gewissermaßen als optischer Glanzpunkt steht seit dem Jahr 2010 direkt auf der in den Hafen ragenden Bastion Saint-Jaume die Skulptur »Nomade« des katalanischen Künstlers und Bildhauers Jaume Plensa. Das acht Meter hohe, aus Tausenden weißen Buchstaben gefertigte Gebilde stellt einen sitzenden Menschen mit angewinkelten Beinen dar, dessen Blick in Richtung Meer gewandt ist. Mit ihrem luiziden Charakter soll die Skulptur, die die »Seele der Wörter« symbolisiert, den Betrachter zum Nachdenken anregen. Da »Nomade« hohl ist, kann man sie auch problemlos begehen und so ungeahnte Einblicke gewinnen. Besonders eindrucksvoll ist Jaume Plensas Skulptur, wenn sie nachts illuminiert wird.

Die Bastion Saint-Jaume ist ein Teil der von Sébastien le Prestre de Vauban errichteten Befestigungsanlagen. Besonders imposant ist das nördlich des Hafens errichtete Fort Carré. Mit seinem sternförmigen Grundriss ist es ein klassisches Beispiel der Festungsbaukunst des 17. Jahrhunderts. Das Zentrum der Anlage bildet ein runder Hof, von dem mehrere Bastionen ausgehen.

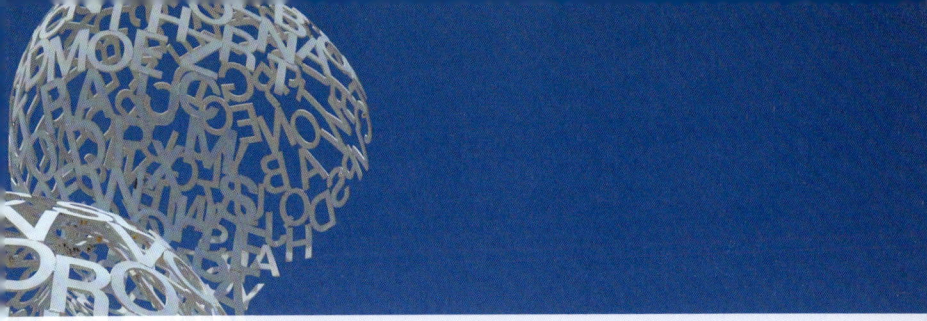

Adresse Bastion Saint-Jaume, 06600 Antibes | **Anfahrt** Die Bastion Saint-Jaume grenzt an die nordöstliche Spitze des Hafens an. | **Öffnungszeiten** Di–So 10–20 Uhr; Juli, Aug. 10–23 Uhr | **Tipp** Wer sich für die Kunst von Jaume Plensa interessiert, kann in Nizza auf der Place Masséna sieben weitere Skulpturen betrachten.

3 Die Villa Kérylos
Griechische Träume

Baron Théodore Reinach war ein Schöngeist. Der Sohn einer vermögenden jüdischen Bankiersfamilie war zwar Jurist und Abgeordneter, doch seine wahren Leidenschaften galten der Archäologie und den Altertumswissenschaften. Der mit den Rothschilds verwandte Reinach träumte von einem Leben und einer Villa wie in der Antike.

Mit Emmanuel Pontremoli lernte Reinach einen Architekten kennen, der ebenfalls für das Altertum schwärmte und den ungewöhnlichen Auftrag, eine Villa wie im klassischen Griechenland zu errichten, mit Begeisterung annahm. Nachdem Reinach in Beaulieu-sur-Mer ein geeignetes Grundstück direkt am Meer erworben hatte, erfüllte er sich mit der Villa Kérylos seinen Lebenstraum: Von 1902 bis 1908 entstand auf einer Fläche von 2.500 Quadratmetern ein kleiner Palast, dessen Räume der antiken Bautradition entsprechend um ein Atrium (Innenhof) gruppiert sind, aber auch die typischen Pergolen und Terrassen durften nicht fehlen. Als Vorbild für die Villa dienten die Herrenhäuser, die man auf der griechischen Insel Delos ausgegraben hatte.

Reinachs Träume vom klassischen Griechenland sollten keinen Makel haben: Die Wände und Fußböden sind mit originalgetreuen Fresken und Mosaiken verziert, die Wohnräume mit Edelholzmöbeln ausgestattet, die als Einzelstücke nach antiken Abbildungen gefertigt wurden. Selbst die Textilien und der gesamte Hausrat entsprachen den antiken Vorlagen. Geld spielte keine Rolle: Für das Badezimmer griff man beispielsweise auf edlen Carrara-Marmor zurück. Der Architekt verstand es geschickt, Wasserleitungen zu verbergen, denn Reinach wollte auf einen gewissen Komfort nicht verzichten.

Théodore Reinach nutzte die Villa Kérylos bis zu seinem Tod im Jahr 1928 als Sommersitz. Da er das Anwesen in seinem Testament dem Institut de France vermachte, können heute Besucher durch die Villa schlendern und sich an der einzigartigen Atmosphäre erfreuen.

Adresse Impasse Gustave Eiffel, 06310 Beaulieu-sur-Mer, www.villa-kerylos.com |
Anfahrt Beaulieu-sur-Mer liegt 8 Kilometer östlich von Nizza an der M 6098. Der
Impasse Gustave Eiffel ist eine kleine Sackgasse, die von der Küstenstraße abzweigt. |
Öffnungszeiten Juli, Aug. täglich 10–19 Uhr; März–Juni, Sept. und Okt. täglich
10–18 Uhr; Nov.–Feb. Mo–Fr 14–18 Uhr, Sa und So 10–18 Uhr | **Tipp** Von Beaulieu
aus kann man direkt an der Küste entlang auf der Promenade Maurice Rouvier bis
hinüber nach Saint-Jean-Cap-Ferrat wandern.

4 Die Fassadenwerbungen

Auf der Suche nach den vergessenen Marken

Was Konsum und Werbung betrifft, so hat sich Frankreich schon viel früher als Deutschland an Amerika orientiert. Am Rand jeder Kleinstadt stehen riesige Supermärkte, und Scannerkassen gehören selbst in den abgelegensten Bergdörfern seit gut zwei Jahrzehnten zum Alltag. Was verkauft werden will, muss auch beworben werden: nervend und aggressiv im Radio, schrill und bunt an den Plakatwänden.

Mit Wohlwollen betrachtet man dagegen die historischen Fassadenwerbungen, die einem hin und wieder an den Häuserwänden ins Auge springen. Nostalgisch verblasste Zeugnisse einer Zeit, in der die Warenwelt noch überschaubar war. Schließlich lässt man nicht jede Woche ein neues Motiv auf die Hauswand pinseln. Wer mit offenen Augen durch die Straßen geht, entdeckt immer wieder ein paar von diesen »Murs réclames«. Manche Fassaden wurden mehrfach übermalt, hier und da bröckelt der Putz, bei einigen Häusern wurden später sogar Fenster in die Werbeflächen geschnitten.

Die »Murs réclames« sind ein Freilichtmuseum der untergegangenen Marken und Produkte. Wer kennt noch den Farbenhersteller Ripolin oder das Putzmittel Crème Éclipse oder den Weinproduzenten Pradel, der in Breil-sur-Roya wirbt?

Ende des 19. Jahrhunderts glänzte erstmals bunte Reklame auf den Häuserfassaden, ihren Höhepunkt erlebte diese Form der Werbung in den 1930er und 1950er Jahren. Neben Banken wie Crédit Lyonnais und Zeitungen wie Le Petit Marseillais nutzten vor allem die Hersteller von alkoholischen Getränken wie Ricard und Suze diese Werbemöglichkeit, besonders zahlreich waren die Kampagnen für Aperitifs wie Cinzano oder Byrrh. Als ungekrönter König der »Murs réclames« galt Dubonnet, die Firma warb stets mit dem Slogan »Du bo, du bon, dubonnet« und einem auffallenden blauen Farbton für ihren Vin tonique. Mit der Verbreitung moderner Massenmedien entschied man sich für neue Werbeformen, die bunten Fassaden bröckeln vor sich hin …

Adresse Boulevard Rouvier, 06540 Breil-sur-Roya | Anfahrt Breil-sur-Roya liegt im Royatal an der D 6204 rund 30 Kilometer nördlich von Menton. | Tipp Im nahe gelegenen Tende gibt es ebenfalls eine bemalte Hauswand, auf der einst der Tankstellenbetreiber Azur geworben hat.

5 Der Train des Merveilles

Eine wundervolle Zugreise

Die Tendabahn zwischen Frankreich und Italien ist eine der schönsten Bahnstrecken Europas. Spektakuläre Brückenviadukte und Tunnelfahrten gehören zu den »Markenzeichen« dieser vom italienischen Cuneo nach Ventimiglia führenden Linie, die nicht nur die Augen von Eisenbahnliebhabern zum Leuchten bringt.

Die ersten Pläne für eine Bahnverbindung vom Piemont an das Mittelmeer gab es bereits 1851 – damals gehörte das gesamte Royatal noch zu Italien. Aufgrund der schwierigen geografischen Situation – es mussten über tausend Höhenmeter überwunden werden – und den politischen Verwicklungen dauerte es allerdings noch bis zum Oktober 1928, bis die ersten Züge durch das Royatal verkehren konnten. Gleichzeitig wurde auch eine Seitenlinie eröffnet, sodass auch Züge von Nizza direkt nach Cuneo fahren konnten. Der Knotenbahnhof zwischen den beiden Zweigen der Tendabahn befindet sich in Breil-sur-Roya.

Breil-sur-Roya ist auch eine beliebte Haltestation des Train des Merveilles. Dieser »touristische Zug« verkehrt in den Sommermonaten zwischen Nizza und Tende, wobei der Name auf das Vallée des Merveilles (»Tal der Wunder«) anspielt. Diese im Mercantour-Nationalpark gelegene Region ist bekannt für ihre frühgeschichtlichen Felszeichnungen, denen auch am Endpunkt der rund 75 Kilometer langen Zugfahrt in Tende ein interessantes Museum gewidmet ist. Je nach Lust und Laune kann man die Fahrt mit dem Train des Merveilles unterbrechen, um eines der herrlichen Seealpendörfer wie Peillon oder Sospel zu erkunden. Breil-sur-Roya selbst lockt mit einer schmucken Altstadt. Zudem durchfährt man auf der knapp zweistündigen Zugreise mehrere Vegetationszonen. Dominieren auf den ersten Kilometern noch Palmen und Zypressen, künden nach den Tunneldurchfahrten Kiefern und Fichten die alpine Bergwelt an, deren Gipfel selbst im Sommer noch schneebedeckt sind.

Adresse Rue des Métiers, 06540 Breil-sur-Roya | **Anfahrt** Breil-sur-Roya liegt im Royatal an der D 6204 rund 30 Kilometer nördlich von Menton. | **Öffnungszeiten** Der Zug verkehrt Juni–Sept. täglich, Mai, Okt. nur am Wochenende. | **Tipp** Gleich beim Bahnhof von Breil-sur-Roya gibt es das L'Ecomusée des Transports, das sich passenderweise dem Transportwesen verschrieben hat. In einer Halle werden mehrere historische Busse und Eisenbahnwaggons präsentiert (Mai–Sept. täglich 14–18 Uhr, www.ecomusee-breil.com).

6 Das Lord-Brougham-Denkmal

Der »Erfinder« von Cannes

Was wäre Cannes ohne Lord Brougham? Nein, es handelt sich nicht um einen Cineasten, der sich um die Filmfestspiele verdient gemacht hat. Lord Brougham begründete den Aufstieg von Cannes, das im Vergleich zu Hyères oder Nizza Anfang des 19. Jahrhunderts noch ein unbedeutender Fischerort war.

Letztlich verdankt die Stadt der Filmfestspiele ihren Aufstieg vom unbedeutenden Küstenort zur Tourismusmetropole einem Zufall: Als der ehemalige britische Schatzkanzler Lord Henry Brougham 1834 mit seiner kränkelnden Tochter Eleonore den Winter im damals noch zu Italien gehörenden Nizza verbringen wollte, wütete dort die Cholera, sodass ihm die Einreise untersagt wurde. Brougham durfte den Grenzfluss Var nicht überqueren und musste in Frankreich bleiben. Nachdem die Hotels in Antibes seinen Ansprüchen nicht genügten, entdeckte er in Cannes ein geeignetes Ausweichquartier. Schnell verliebte er sich in den anmutigen Ort, sodass er darauf verzichtete, zu einem späteren Zeitpunkt nach Nizza weiterzureisen. Brougham ließ sich in Cannes in der heutigen Avenue du Docteur-Picaud eine Villa im italienischen Stil errichten, die er »Château Eléonore-Louise« nannte. Dank seiner Fürsprache stieg Cannes bald zu einem der exklusivsten Orte an der Côte d'Azur auf. Auch beim französischen König machte Brougham seinen Einfluss geltend: Louis-Philippe ließ sich erweichen, den Bau eines neuen Hafenbeckens zu finanzieren. Zudem erhielt Cannes einen Eisenbahnanschluss, die berühmte Croisette wurde angelegt, und die Einwohnerzahl vervierfachte sich innerhalb weniger Jahrzehnte.

Nachdem Lord Brougham am 7. Mai 1868 in seinem geliebten Cannes gestorben war, beauftragten seine Freunde den Bildhauer Paul Liénard, ein Denkmal zu schaffen. Dieses wurde allerdings im Zweiten Weltkrieg zerstört und 1952 durch eine Reproduktion ersetzt.

Adresse Allées de la Liberté Charles de Gaulle, 06400 Cannes | **Anfahrt** 100 Meter hinter dem Festspielpalast gelegen. | **Tipp** Das monumentale Grab von Lord Brougham befindet sich auf dem Cimetière du Grand Jas.

7 __ La Malmaison

Kunstgalerie mit dunkler Vergangenheit

Die klassizistische Villa auf der berühmten Croisette ist ein schmuckes Anwesen, ein echter Hingucker. Auf dem erhöhten Vorplatz rahmen Palmen den Weg zum säulenflankierten Eingangsportal. Keine Frage: ein prächtiges Anwesen, geradezu prädestiniert für Kunstausstellungen. Schon Aimé Maeght, der spätere Gründer der berühmten Fondation Maeght, organisierte hier seine erste Bilderausstellung an der französischen Riviera. Seit 1983 nutzt die Stadt Cannes das Anwesen für hochkarätige Ausstellungen moderner Kunst. Von Matisse bis zu Picasso waren hier schon alle großen Vertreter der Moderne zu sehen.

Aber La Malmaison ist mehr als eine Kunstgalerie; es ist ein Haus mit recht bewegter Geschichte. Im 19. Jahrhundert als Tee- und Spielsalon eines längst abgerissenen Grand Hôtels errichtet, wurde das Anwesen von den italienischen Truppen im November 1942 beschlagnahmt. Bis zum November 1942 gehörte Südfrankreich zur unbesetzten Zone und wurde für wenige Jahre zum Sammelbecken für politisch und ethnisch Verfolgte.

Nach der Landung der alliierten Truppen in Nordafrika marschierten deutsche und italienische Soldaten in Südfrankreich ein, die Italiener besetzten die grenznahen Gebiete und errichteten in Cannes ihre Zentrale. Für ein knappes Jahr agierten italienische Soldaten als Besatzer, bevor nach der Kapitulation Italiens im September 1943 die Deutschen an ihre Stelle traten. Umgehend begann sich die Gewaltspirale zu drehen. Nicht nur Razzien und Deportationen jüdischer Bürger gehörten zur Tagesordnung, sondern auch Folter und Hinrichtung von Résistancemitgliedern. Noch am 15. August 1944, dem Tag der alliierten Landung an der südfranzösischen Küste, wurden in Cannes acht Widerstandskämpfer, darunter eine Frau, von der Gestapo kurzerhand hingerichtet. Neun Tage später war Cannes befreit, die Deutschen suchten ihr Heil in der Flucht.

Adresse 47, Boulevard de la Croisette, 06400 Cannes | **Anfahrt** Direkt an der Croisette gelegen. | **Öffnungszeiten** Di–So Juli–Sept. 11–20 Uhr, Fr 11–22 Uhr; April–Juni, Sept. 10–13 und 14.30–18.30 Uhr; Okt.–März 10–12 und 14.30–18 Uhr | **Tipp** Vor der ehemaligen Villa Montfleury am Boulevard Montfleury 42 erinnert eine Stele an die namentlich genannten »Opfer der Gestapo vom 15. August 1944«.

8_ Die Kurve

Die Schicksalsfahrt von Fürstin Gracia Patricia

Nur vergleichbar mit dem Unfalltod von Prinzessin Diana erschütterte 1982 der Tod von Fürstin Gracia Patricia die Weltöffentlichkeit. Spätestens seit ihrer Märchenhochzeit mit Fürst Rainier III. füllte die ehemalige amerikanische Schauspielerin Grace Kelly allwöchentlich die Seiten der Regenbogenpresse. Ihre kühle Eleganz galt als das Schönheitsideal der damaligen Zeit. Nach den Dreharbeiten zu dem Hitchcock-Film »Über den Dächern von Nizza«, in dem die Leinwand-Diva zusammen mit Cary Grant die Hauptrolle spielte, hatte Grace Kelly den monegassischen Fürsten auf den Filmfestspielen in Cannes kennengelernt. Wenige Wochen später machte ihr Rainier beim Abendessen im New Yorker Hotel Waldorf-Astoria einen Heiratsantrag.

Gracia Patricia verhalf dem Fürstentum zu ungeahntem Glanz und galt als überaus beliebte Landesmutter des Zwergstaates. Am Vormittag des 13. September 1982 fuhr die Fürstin zusammen mit ihrer jüngsten Tochter Stéphanie von der fürstlichen Sommerresidenz Roc Agel kommend von La Turbie nach Cap d'Ail, als sie in einer Haarnadelkurve die Kontrolle über ihr Fahrzeug verlor und einen 40 Meter tiefen Abhang hinunterstürzte. Während Stéphanie, die wie ihre Mutter nicht angeschnallt war, nur verhältnismäßig leichte Verletzungen davontrug, verstarb Gracia Patricia einen Tag später im Krankenhaus von Monaco und wurde unter großer Anteilnahme der Bevölkerung beigesetzt.

Wie es zu dem tragischen Unfall kam, ist bis heute rätselhaft geblieben. Es gibt die Theorie von einem leichten Schlaganfall, den die Fürstin Gracia Patricia erlitten haben könnte, andere behaupten, Tabletten und Alkohol seien im Spiel gewesen. Zudem halten sich hartnäckig Gerüchte, dass die damals noch minderjährige Prinzessin Stéphanie am Steuer des Rover 3500 gesessen haben soll, da Zeugen ausgesagt haben, sie sei durch die Fahrertür aus dem Wrack geklettert …

Adresse Route de la Turbie (43° 43' 35" N, 7° 24' 10" O), 06320 Cap d'Ail | Anfahrt
Zwischen La Turbie und Cap d'Ail (D 37) gelegen. | Tipp Das Grab von Gracia
Patricia befindet sich in der Cathédrale von Monaco. An ihrer Seite ruht seit April
2005 ihr Gatte Fürst Rainier III.

9__ Die Plage Mala
Versteckte Strandidylle

Der Strand ist die Bühne, ohne die der Sommer glanzlos bleibt. Der Strand ist sozialer Kosmos mit eigenen Verhaltensweisen und Rhythmen. Der Strand ist der Platz, auf dem sich der Badende inszeniert, präsentiert und den Blicken der anderen ungeschützt aussetzt. Dies gilt für die Côte d'Azur noch mehr als für die Strände von Mallorca, Marbella oder Rimini. Es gibt den Kiesstrand von Nizza, den aufgeschütteten Stadtstrand von Cannes oder die goldgelbe Plage de Pampelonne auf der Halbinsel von Saint-Tropez, und auf allen herrschen eigene, für den Eingeweihten leicht zu unterscheidende Gesetze.

Wie am ganzen Mittelmeer sind auch die Strände der Côte d'Azur vor allem im Juli und August gut besucht, an manchen Orten ist es nicht leicht, überhaupt einen Platz für sein Handtuch zu finden. Erschwerend kommt hinzu, dass die Steilküste zwischen Monaco und Beaulieu sowieso nur wenige Strandpartien zum Baden zu bieten hat. Als Geheimtipp unter den Stränden wird die von Felsklippen eingerahmte Plage Mala am Cap d'Ail gehandelt, denn sie ist auch in der Hochsaison nicht überlaufen und bietet ein herrliches Naturszenario mit glasklarem türkis schimmernden Wasser.

Das an das Fürstentum Monaco angrenzende Cap d'Ail gehört seit jeher zu den nobleren Wohnorten der französischen Riviera, Winston Churchill und Greta Garbo verbrachten hier ihre Ferien. Und die Plage Mala profitiert von diesem exquisiten Flair, denn der Strand liegt am Ende eines vornehmen Villenviertels, sodass es dort kaum Parkplätze gibt und der Massenansturm ausbleibt. Glücklicherweise ist der Strand auch nicht ganz leicht zugänglich, da man einen längeren Treppenweg hinunter zur Bucht bewältigen muss. Unten angekommen, erwartet den Sonnenanbeter ein wahres Paradies mit herrlichen Tauchmöglichkeiten, zudem verwöhnen zwei strandnahe Restaurants ihre Gäste mit fangfrischen Fischgerichten.

Adresse Allée Mala, 06320 Cap d'Ail | **Anfahrt** Cap d'Ail liegt 2 Kilometer westlich von Monaco direkt an der Küstenstraße (RN 98). Der Treppenweg zum Strand beginnt am Ende der Allée Mala. | **Tipp** Lohnend ist auch ein Spaziergang durch den Jardin Sacha Guitry, der durch seine üppige Flora begeistert, 87, Avenue du 3 Septembre.

10__Das Landungsboot

Operation Dragoon am Cap du Dramont

Einsam steht ein graues Landungsboot auf einem riesigen Parkplatz unweit des Cap du Dramont. Eindrucksvoll erinnert es daran, dass es an den Küsten des Esterel-Gebirges nicht immer so friedlich zuging. Mit der Landung der Alliierten verbindet man meist nur die Kämpfe an den normannischen Stränden, von der »Operation Dragoon« an der Côte d'Azur haben hingegen nur wenige Kenntnis.

Zwei Monate nach dem Beginn der Invasion in der Normandie landeten die alliierten Truppen in den Morgenstunden des 15. August 1944 an einem knapp hundert Kilometer langen Küstenabschnitt, der sich von Le Lavandou im Westen bis zum Esterel-Gebirge im Osten erstreckte. Insgesamt waren knapp 900 Schiffe, 1.370 Landungsboote, 5.000 Flugzeuge sowie knapp 200.000 Soldaten an der »Operation Dragoon« beteiligt. Nach einem heftigen Flugzeugbombardement auf die deutschen Stellungen schwebten mehrere tausend Fallschirmspringer durch die Dunkelheit, um hinter den feindlichen Linien zu landen. Der Himmel war an diesem Tag dicht bewölkt, als die ersten Soldaten gegen 8 Uhr den Strand erreichten. Die Angriffe konzentrierten sich auf mehrere strategisch wichtige Küstenabschnitte, wobei das Cap du Dramont zu den am heftigsten umkämpften Gebieten gehörte. Die Soldaten der 36. US-Infanteriedivision aus Texas wollten eigentlich das Cap Anthéor erobern, doch wichen sie aufgrund der heftigen Gegenwehr zum Cap du Dramont aus, da dort die Gegenwehr deutlich schwächer war.

Die Operation Dragoon war ein voller Erfolg. Die deutschen Truppen konnten dem Angriff nicht lange Paroli bieten. Innerhalb weniger Wochen brachen die Verteidigungslinien der deutschen Wehrmacht zusammen, sodass die Truppenverbände über das Rhônetal nach Norden ziehen konnten. Bis heute werden die Jahrestage der Landung am Cap du Dramont sowie in den anderen beteiligten Ortschaften von der Bevölkerung gefeiert.

Adresse Cap du Dramont, 83700 Le Dramont | **Anfahrt** Das Landungsboot liegt am Cap du Dramont in unmittelbarer Nähe der Küstenstraße (D 559). | **Tipp** Eindrucksvoll ist eine einstündige Küstenwanderung rund um das Cap du Dramont.

11 Das Musée de la Mine

Im Reich der Mineralien

Eine Mine an der Côte d'Azur direkt am Meer gelegen? Dies klingt im ersten Moment recht verwunderlich. Normalerweise finden sich in solch exponierten Lagen vor allem hochherrschaftliche Villen. Doch wer zwischen Toulon und Hyères-Plage an der Küste entlangfährt, stößt am Cap Garonne unverhofft auf eine versteckt gelegene ehemalige Kupfer- und Bleimine. Sie wurde im Jahr 1862 in Betrieb genommen, wobei die meisten Bergleute aus dem italienischen Piemont stammten, da es in Frankreich an Fachkräften mangelte. Wie damals üblich, wurden auch Frauen und Kinder bei der beschwerlichen Arbeit eingesetzt.

Da der Kupfergehalt des Erzes zu gering war, um größere Gewinne zu erwirtschaften, wechselte die Mine mehrfach den Besitzer. Trotz Ausbau des Eisenbahnnetzes lohnte sich der Betrieb bald nicht mehr, sodass die Mine im Oktober 1917 endgültig stillgelegt wurde.

Erst in den 1970er Jahren wurden im feuchten Klima der aufgelassenen Mine rund hundert, teilweise seltene Mineralienarten und Kristalle gefunden, die nicht nur das Interesse der Wissenschaftler, sondern auch das von Plünderern weckten. Um dem Raubbau Einhalt zu gebieten und den außergewöhnlichen Mineralienreichtum zu würdigen, lag es nahe, in den Stollen ein Museum einzurichten. Es sollte allerdings noch bis 1994 dauern, bis das Musée de la Mine endlich eröffnet wurde.

Das am Cap Garonne liegende Museum gilt als eines der schönsten Mineralkundemuseen Frankreichs. Ausgerüstet mit einem Schutzhelm können Besucher im Rahmen einer Führung das einstige Bergwerk erkunden und einen Eindruck von dieser faszinierenden unterirdischen Welt gewinnen. Es gilt nicht nur, eine außergewöhnliche Mineraliensammlung zu bewundern, sondern man bekommt auch mit Hilfe von Soundeffekten und Videosequenzen einen Einblick in den einstigen Kupferabbau und die Verarbeitung des kostbaren Rohstoffs.

Adresse Cap Garonne, 1000 Chemin de Baou Rouge, 83220 Le Pradet, www.mine-capgaronne.fr | **Anfahrt** Zwischen Toulon und Hyères-Plage zweigt die D 2086 ab und mündet schließlich in eine Stichstraße, die direkt zum Cap Garonne führt. | **Öffnungszeiten** Mi, Sa und So und in den Schulferien 14–17 Uhr, Führungen um 14.30 und 16 Uhr | **Tipp** Am Cap Garonne kann man herrliche Küstenspaziergänge unternehmen.

12 Das Dorf der Sonnenuhren

Kunst im Zeichen der Sonne

Auch das Hinterland der Côte d'Azur ist eine von der Sonne verwöhnte Region. Die Oliven, die an den Hängen und in den Tälern heranreifen, sind aufgrund ihres intensiven, würzig-milden Geschmacks begehrt. Die Straße, die sich von Contes hinauf zum Col St-Roch schlängelt, wird daher auch gerne als Sonnenstraße gerühmt. Direkt an dieser »Route du Soleil« liegt Coaraze, ein verschachteltes Dorf mit viel mittelalterlichem Flair und überwölbten Passagen. Bei so vielen Stunden Sonnenschein im Jahr verwundert es nicht, dass man sich in Coaraze seit jeher an der Sonne orientierte, wenn man wissen wollte, was die Stunde geschlagen hat.

Um die Mitte des 20. Jahrhunderts hatte Coaraze, wie viele andere Dörfer auch, mit der Landflucht zu kämpfen. Und so startete der Bürgermeister Paul Mari d'Antoine 1961 das ambitionierte Projekt, renommierte Künstler einzuladen, die in seinem Dorf Sonnenuhren vollkommen frei nach ihren Vorstellungen gestalten sollten. Seither werden die Wände am Vorplatz der Kirche sowie die Fassade der örtlichen Post und des Rathauses von mehreren ansehnlichen Keramiksonnenuhren geschmückt, die Coarazes Ruf als Kunst- und Kunsthandwerkerdorf begründeten.

Der bekannteste Künstler, der hierherkam, war sicherlich Jean Cocteau. Das Multitalent gestaltete seine Sonnenuhr mit Eidechsenmotiven, Mona Christie schuf die »Galoppierende Zeit«, Georges Douking entwarf Fabeltiere, der berühmte Keramikkünstler Gilbert Valentin verewigte sich mit einem reich verzierten Sonnenblumenmotiv, die anderen Uhren wurden von Henri Bernard Goetz und Angelo Ponce de Léon gefertigt. Im Jahre 2008 entschied man sich, das Projekt wiederaufleben zu lassen. Erneut wurden renommierte zeitgenössische Künstler wie Sacha Sosno, Fabienne Barre, Patrick Moya und Henri Maccheroni nach Coaraze eingeladen.

Ponce de Léon

Adresse 06043 Coaraze | Anfahrt Von Nizza nach Norden über die D 15 fahren. |
Tipp Der Künstler Angelo Ponce de Léon hat nicht nur eine Sonnenuhr gestaltet,
sondern 1962 auch die Chapelle Notre-Dame-des-Sept-Douleurs mit farbenfrohen
blauen Fresken ausgemalt. Seither wird sie auch als »Chapelle bleue« bezeichnet
(Schlüssel gibt es in der Bar im Dorf).

13__Les Pipes de Cogolin
Bei den Pfeifenschnitzern

Beim Namen Cogolin bekommen nicht nur Pfeifenraucher auf der ganzen Welt große Augen. Das kleine Städtchen am Rande des Massif des Maures hat eine große Handwerkstradition. Möbel und handgeknüpfte Teppiche aus Cogolin finden sich im Schloss von Versailles ebenso wie im Weißen Haus. Hohe Preise erzielen auch Naturkorken von hier: Die zahlreichen Korkeichenhaine im Hinterland bilden noch immer den Rohstoff für die Produktion hochwertiger Flaschenkorken – alle zehn Jahre werden die Eichen geschält und zu Kork weiterverarbeitet.

Auch der Rohstoff für die berühmten Pfeifen von Cogolin findet sich in den Wäldern des Massif des Maures. Dort wächst die Baumheide, aus deren knollenartigen Wurzeln die berühmten Bruyère-Pfeifen hergestellt werden. Das Wurzelholz des Heidekrautgewächses ist nicht nur schön gemasert, sondern auch hitzeresistent, sodass sich der Tabakrauch wunderbar entfalten kann. Pfeifenraucher schätzen den leichten Honig-Nachgeschmack.

Die Pfeifen von Cogolin sind untrennbar mit dem Namen Courrieu verbunden. Der traditionsreiche Familienbetrieb wurde bereits im Jahre 1802 gegründet! Seither wird die Kunst des Pfeifenmachens meist direkt vom Vater an den Sohn weitergegeben. Zu den Kunden von Courrieu gehörten Pfeifenliebhaber wie der Schriftsteller Georges Simenon oder der Politiker Edgar Faure. Aktuell sind es Vater René und sein Sohn Thierry Courrieu, die sich mit Leidenschaft um die Fabrikation kümmern. Im Atelier bekommen Besucher ausführlich die einzelnen Phasen des Herstellungsprozesses erklärt. Ein großes Maß an Fingerspitzengefühl ist nötig, um eine dieser kunstvollen Pfeifen zu fertigen. Kein Wunder, dass die schönsten Modelle mehr als 200 Euro kosten können, aber keine Sorge: Es gibt auch wesentlich günstigere Pfeifen. Wer will, kann übrigens auch seine Lieblingspfeife mitbringen und sie vor Ort reparieren lassen.

Adresse Les Pipes de Cogolin, Courrieu-Fils, 42 Avenue Georges Clemenceau, 83310 Cogolin, www.courrieupipes.fr | **Anfahrt** Cogolin liegt 10 Kilometer westlich von Saint-Tropez an der D 98, die man am ersten Kreisverkehr Richtung Centre ville verlässt. | **Öffnungszeiten** Atelier: Mo–Sa 9–12 und 14–18 Uhr; Geschäft: 9–19 Uhr | **Tipp** Wer sich statt für Pfeifen mehr für Teppiche interessiert, kann in Cogolin, 6, Boulevard Louis-Blanc, die Manufacture de Tapis besuchen (www.manufacturecogolin.com).

14__ Die Chartreuse de la Verne

Beten in der Einsamkeit des Massif des Maures

Das Massif des Maures ist noch heute eine einsame unwirtliche Gegend. Bis auf Collobrières gibt es keine Dörfer, und nur ganz selten spitzt ein einsames Gehöft aus den Wäldern und dem dichten Buschwerk hervor. Als »Maouro« bezeichneten die Provenzalen früher einen dunklen, kaum erschlossenen Wald und nicht etwa die arabischen Mauren.

Mit anderen Worten: Dies war genau der richtige Ort für eine Klostergründung! Hier, in der Einsamkeit des Massifs, droht keine Ablenkung, die Einkehr zu Gott wird höchstens durch das Zirpen der Zikaden unterbrochen. Auf einem kleinen Plateau errichteten die Kartäuser 1170 ein Kloster, das durch zahlreiche Schenkungen schon bald über einen ausgedehnten Landbesitz verfügte. Mehrmals wurden die Gebäude durch Waldbrände, aber auch durch Plünderungen zerstört oder verwüstet. Doch die Mönche bauten die Klosteranlage wieder auf und errichteten gewaltige Schutz- und Stützmauern. Der heutige Zustand der Kartause entspricht weitestgehend dem aus dem 17. und 18. Jahrhundert.

Die Revolution von 1789 setzte der Idylle ein jähes Ende. Das Kloster wurde säkularisiert, die reiche Ausstattung verkauft und zerstreut. Zwar wurden die Ruinen 1921 zum »Monument historique« erklärt, doch der Verfall ging weiter. Erst nachdem sich 1982 die religiöse Gemeinschaft der Schwestern von Bethlehem hier niedergelassen hatte, fand der Niedergang ein Ende. Seither ist das abgeschiedene Kloster nicht nur wieder mit religiösem Leben erfüllt – 30 Ordensfrauen leben in dem alten Gemäuer –, sondern es wurden auch die dringend notwendigen Restaurierungsarbeiten in Angriff genommen. In den öffentlich zugänglichen Teilen kann man eine restaurierte Kartause besichtigen, besonders stimmungsvoll sind der Klosterfriedhof mit seinen schlichten Holzkreuzen und die beiden Kreuzgänge.

Adresse 83610 Collobrières | **Anfahrt** Von Collobrières führt die kleine D 14 in Richtung Grimaud. Nach rund 5 Kilometern zweigt rechts eine Stichstraße ab, die zur Chartreuse führt. | **Öffnungszeiten** Juni–Aug. Mo, Mi–So 11–18 Uhr; Sept.–Dez. und Feb.–Mai Mo, Mi–So 11–17 Uhr; Ostern, Pfingsten, Weihnachten sowie Jan. und am 15. August geschlossen | **Tipp** Von La Môle kann man über die Barrage de la Verne (Stausee) in rund drei Stunden auch zur Kartause wandern.

15__Die Confiserie Azuréenne

Im Maronenparadies

Das Massif des Maures ist ein durch seine Kargheit faszinierender Gebirgszug im Hinterland von Saint-Tropez. Der Name leitet sich übrigens nicht von den Mauren, sondern von dem provenzalischen »Maouro« ab, einer alten Bezeichnung für einen dunklen, kaum erschlossenen Wald, der in diesem Fall aus Kastanien sowie Korkeichen und Aleppokiefern besteht. Lange Zeit war das Massif des Maures nur mit Saumpfaden erschlossen, sodass die meisten Bewohner ein karges Leben führten. Neben der Korkproduktion und der Imkerei war es vor allem die Verarbeitung von Kastanien, die ein gewisses Auskommen sicherte.

Die Maronen mit ihrem süßen, nussigen Geschmack lassen sich auf vielerlei Weise weiterverarbeiten und finden nicht nur geröstet, sondern auch als Mehl in der Küche Verwendung. Die Blätter und Schalen der Kastanie werden an das Vieh verfüttert, während das Holz zum Hausbau und zur Möbelfabrikation genutzt wird. Noch heute werden jedes Jahr rund 600 Tonnen geerntet.

Das in einem engen Tal gelegene Collobrières ist die Hauptstadt des Massif des Maures. Obwohl die Gemeinde nur 1.800 Einwohner zählt, kommt ihr seit Jahrhunderten eine Zentrumsfunktion in dem dünn besiedelten Landstrich zu, weshalb ein stattlicher Marktplatz nicht fehlen darf. Wer Maronen liebt, muss unbedingt die Confiserie Azuréenne in Collobrières besuchen. Sie gilt in der gesamten Region als die mit Abstand beste Adresse für kandierte Maronen, Maronenmus und -konfitüre. In dem zugehörigen Laden gibt es noch eine ganze Reihe anderer Maronenprodukte, so Maronennougat oder Maronenlikör. Im Sommer versteht man sich auf ein köstliches Maroneneis, das mit Cognac verfeinert wird und auf der Zunge zergeht. An die Confiserie angeschlossen ist noch ein kleines Museum, das liebevoll über die Tradition des örtlichen Maronenanbaus informiert, wobei auch zahlreiche historische Produktionsgeräte ausgestellt sind.

Adresse Boulevard Koenig, 83610 Collobrières, www.confiserieazureenne.com |
Anfahrt Collobrières liegt an der D 14, rund 35 Kilometer nördlich von Le Laven-
dou, der Boulevard Koenig zweigt im Ort von der D 14 ab. | **Öffnungszeiten** täglich
9.30–12.30 und 13.30–19.30 Uhr | **Tipp** Am Sonntagvormittag wird ein großer Markt
abgehalten, auf dem selbstverständlich auch Maronenmus verkauft wird. An den letzten
drei Oktobersonntagen findet ein Kastanienfest statt.

16__Der Dolmen Pierre de la Fée

Feenzauber und politische Sprengsätze

Der liebliche Küstenabschnitt zwischen Menton und Saint-Tropez sowie das zugehörige Hinterland müssen schon in Urzeiten eine besondere Anziehungskraft ausgeübt haben – nicht umsonst gehört die Region zu den ältesten Siedlungsgebieten der Menschheitsgeschichte. Frühe Spuren menschlicher Kultur an der Côte d'Azur wurden beispielsweise in einer Grotte am Mont Boron bei Nizza entdeckt. Von der kontinuierlichen Besiedlung zeugen aber auch rund zwei Dutzend Menhire und Dolmengräber, unter denen zahlreiche Skelette gefunden wurden. Ein Dolmen – »Steintisch« – besteht aus großen, meist unbehauenen Steinblöcken. Diese steinernen Zeugen wurden in der Zeit zwischen 6500 und 2000 vor unserer Zeitrechnung von der einheimischen Bevölkerung errichtet.

Es gibt Dolmengräber bei Ramatuelle (Dolmen de la Briande) und bei Ampus (Dolmen de Marenc), aber das größte und imposanteste ist der Dolmen Pierre de la Fée, der in einem Außenbezirk von Draguignan zu finden ist. Das monumentale, wieder aufgebaute Dolmengrab besteht aus drei mehr als zwei Meter hohen Sockelsteinen, auf denen eine sechs Meter lange und viereinhalb Meter breite Steinplatte ruht, die über 20 Tonnen wiegt. Bei Grabungen wurden mehrere Skelette, aber auch Opferbeigaben wie Feuersteinwerkzeuge und Perlenschmuck entdeckt. Um den Dolmen rankt sich eine Legende. Die als Schäferin verkleidete Fee Estérelle soll ihrem Liebhaber die Ehe versprochen haben, wenn er einen riesigen Steintisch errichten würde, doch er war zu schwach, eine Tischplatte auf den Tisch zu heben, sodass die Fee den Stein selbst hinaufzauberte …

Der Dolmen wäre übrigens fast einem Anschlag zum Opfer gefallen. Am 28. Januar 1975 ließen politische Aktivisten einen Sprengsatz detonieren, um dagegen zu protestieren, dass Draguignan zu einer Unterpräfektur des Départements herabgestuft worden war.

Adresse Avenue de Montferrat, 83300 Draguignan | **Anfahrt** Im Nordwesten von Draguignan gelegen, die Avenue de Montferrat zweigt in La Louve in östlicher Richtung von der D 2955 ab. | **Tipp** Im nahen Lorgues (15 Kilometer südöstlich) steht der Dolmen de Peicervier im Ortsteil Hameau Sainte-Jaume.

17_ Die Hausfassade

Wer war eigentlich Claude Gay?

Die breiten Boulevards bestimmen bekanntlich das Pariser Leben und das Flair, stellen sie doch eine verführerische Einladung zum Flanieren dar. Doch nicht nur Paris, auch das Provinzstädtchen Draguignan besitzt breite Alleen und Boulevards. Wer jetzt denkt, Draguignan habe sich am Pariser Vorbild orientiert, täuscht sich, denn die Boulevards von Draguignan sind älter. Dies hat einen einfachen Grund: Baron Georges-Eugène Haussmann, der »Erfinder der Pariser Boulevards«, residierte 1849 als Präfekt in Draguignan, das damals noch die Hauptstadt des Départements Var war. Wahrscheinlich suchte der agile Verwaltungsfachmann eine Beschäftigung, um etwas Abwechslung in sein Provinzleben zu bringen. Nur vier Jahre später wurde er von Napoléon III. beauftragt, die Umgestaltung von Paris in Angriff zu nehmen …

Wer heute entlang der Boulevards durch Draguignan spaziert, kommt an einer auffällig bemalten Hausfassade mit einem überdimensionalen stilisierten Porträt vorbei. »Claude Gay – un explorateur et savant provençal au Chili« steht über dem einzigen Fenster der Fassade. Claude wer?

Claude Gay war ein Zeitgenosse von Baron Haussmann. Statt für Boulevards interessierte sich der im Jahre 1800 in Draguignan geborene Gay für die Botanik. Als Naturforscher unternahm er ausgedehnte Forschungsreisen, die ihn bis nach Südamerika führten, wo er im Staatsauftrag jahrzehntelang in Chile lebte und die Natur- und Pflanzenwelt studierte. So wies er als erster Europäer auf die Heilkraft der Maqui-Beere hin, deren Saft die Mapuche-Indianer tranken. Als Gays Hauptwerk gilt die »Historia física y política de Chile«. Zu dieser »physikalischen und politischen Geschichte Chiles« gehören ausführliche Schilderungen der lokalen Gebräuche sowie eine detaillierte »Botánica«, die die Pflanzenwelt des Landes beschreibt. Später kehrte Gay in die Provence zurück; er starb 1873 unweit von Flayosc.

Adresse Place Claude Gay (Boulevard de la Liberté/Ecke zur Rue Jean Aicard), 83300 Draguignan | **Anfahrt** Draguignan liegt 50 Kilometer nördlich von Saint-Tropez. | **Tipp** Eine interessante Sammlung zur Landwirtschaft wurde im Musée des Arts et Traditions Populaires de Moyenne Provence in der Rue Roumanille 15 zusammengetragen (Di–Sa 9–12 und 14–18 Uhr; im Sommer auch So 14–18 Uhr).

18 _ Der Soldatenfriedhof

861 Helden für die Befreiung Europas

Die Landung der alliierten Soldaten an den Stränden der Normandie sowie an der französischen Mittelmeerküste gehört zu den Leis-
tungen des Zweiten Weltkriegs, die das Ende der nationalsozialistischen Herrschaft über Europa einleiteten. Im Gegensatz zur
Operation Overlord in der Normandie ist die Operation Dragoon
heute weitgehend in Vergessenheit geraten, obwohl mit der Landung
der alliierten Truppen an der französischen Mittelmeerküste die Befreiung Südfrankreichs begann. Schon am ersten Tag der Operation
wurden knapp 100.000 Soldaten und rund 11.000 Fahrzeuge an Land
gebracht. Innerhalb von vier Wochen drang die US-Armee zusammen mit französischen Soldaten unter großen Verlusten über das Tal
der Rhône bis nach Dijon vor.

Der Cimetière Américain (Rhône American Cemetery and Memorial) in Draguignan ist zwar nicht ganz so imposant wie der berühmte amerikanische Soldatenfriedhof von Colleville in der Normandie, dennoch erinnern die Grabmäler eindrucksvoll an den hohen
Blutzoll, den die amerikanischen Truppen im August 1944 bei der
Landung an der französischen Mittelmeerküste erbringen mussten.

Stumm mahnend rufen 837 weiße Marmorkreuze und 24 Da-
vidsterne, die in geometrischen Reihen auf dem immergrünen Ra-
senteppich ausgerichtet sind, die Namen der Toten ins Gedächtnis,
darunter befindet sich beispielsweise auch das Grab des Gefreiten
Lattie Tipton, der als erster Soldat am Morgen des 15. August bei
der Landung ums Leben kam. Doch das waren noch nicht alle Opfer: Auf der »Wall of the Missing« sind die Namen von weiteren
294 Soldaten eingraviert, die nach der Landung vermisst wurden.

Auf dem zwölf Hektar großen Areal sind noch das knapp 20 Meter hohe Memorial mit der Gedächtniskapelle sowie ein Besucher-
zentrum und ein Bronzerelief zu besichtigen, das den Vormarsch der
alliierten Truppen und die Befreiung Südfrankreichs veranschau-
licht.

Adresse 553 Boulevard John Kennedy, 83300 Draguignan | **Anfahrt** Draguignan liegt
50 Kilometer nördlich von Saint-Tropez, der Friedhof an der D 59 ein paar hundert
Meter südöstlich des Zentrums. | **Öffnungszeiten** täglich 9–17 Uhr | **Tipp** In Toulon
erinnert auf dem Mont Faron das Mémorial du débarquement en Provence an die
einstige Landung der Alliierten.

19_Das Festungsstädtchen

Ein Bollwerk in den Seealpen

Obwohl Entrevaux (»Zwischen den Tälern«) bereits in der Spätantike besiedelt und sogar Bischofssitz war, ist der Ort heute vor allem wegen seiner mächtigen Zitadelle bekannt, die auf einem Felsvorsprung über dem befestigten Ort thront. Die Festung ist durch einen steilen und mauerbewehrten Zugangsweg mit dem Dorf verbunden und bildet gewissermaßen ein Gesamtkunstwerk der Fortifikationskunst.

Es war Sébastien le Prestre de Vauban (1633–1707), der den strategisch wichtigen Ort ab 1693 im Zuge der französischen Auseinandersetzungen mit dem Herzog von Savoyen zur Grenzfestung ausbaute. Vauban hatte als Festungsbaumeister des Sonnenkönigs mehr als 300 Verteidigungsanlagen errichtet, um die Grenzen des französischen Königreiches abzusichern. Aber er wurde nicht nur wegen der schieren Anzahl seiner Militärbauten bekannt, sondern weil er es meisterhaft verstand, diese mit einer ästhetischen Komponente zu versehen und sie in die landschaftlichen Gegebenheiten einzubinden. Dies ist umso beachtlicher, als Vauban seine Bauwerke meist nur mit Hilfe von Karten und schriftlichen Anweisungen aus der Ferne plante und überwachte. Im Ersten Weltkrieg befand sich in der Festung übrigens ein Kriegsgefangenenlager, in dem deutsche Offiziere interniert waren.

Noch heute gelangt man durch ein mächtiges, von Türmen flankiertes Stadttor in den Ort, der direkt am rechten Ufer des Var errichtet wurde. Der historische Stadtkern besteht nur aus ein paar dutzend eng aneinandergedrängter Häuser, die von einem Befestigungsring eingeschlossen sind, selbst die ehemalige Kathedrale ist in den Wall integriert. Ein altertümliches Szenario, das glücklicherweise von moderner Bebauung verschont geblieben ist. Wer ein gelungenes Foto von Entrevaux machen will, sollte den gegenüberliegenden Hügel besteigen, denn von dort aus hat man das ganze Städtchen im Panoramablick.

Adresse 04320 Entrevaux | **Anfahrt** Entrevaux liegt im Tal des Var an der D 4202.
Die Entfernung von Nizza beträgt 90 Kilometer. | **Öffnungszeiten** täglich 9–19 Uhr |
Tipp Im Musée de la Moto mitten im Ort gibt es eine Sammlung mit 75 historischen
Motorrädern (Mai–Sept. täglich 10–12 Uhr und 14–18 Uhr).

20_Das Aquädukt

Wasser auf die Mühlen

Während den Pont du Gard fast jedes Kind kennt, ist das römische Aquädukt bei Fayence höchstens einem überzeugten Heimatforscher ein Begriff. Zugegeben: Im Vergleich zum Pont du Gard sieht das Aquädukt etwas mickrig aus, außerdem dürfte es wohl drei oder vier Jahrhunderte jünger sein und damit erst aus der Spätantike stammen. Nichtsdestotrotz ist es ein beeindruckendes Baudenkmal, das vom großen technischen Verständnis der römischen Ingenieure zeugt.

Als Teil des Römischen Imperiums erhielten auch die Côte d'Azur und ihr Hinterland eine hervorragende Infrastruktur mit Straßen, Brücken und eben Aquädukten, denn die Römer liebten ihre Thermen, zudem benötigten sie ausreichend Wasser für ihre Felder und den Betrieb von Getreidemühlen. Auch das Aquädukt von Fayence war nötig, um Getreide zu verarbeiten. Das kostbare Nass wurde hierzu auf einer künstlichen Trasse von den Ausläufern der südlichen Voralpen herangeführt, um die mächtigen Mühlräder in Schwung zu bringen. In späterer Zeit schätzte man die römische Baukunst gering und scheute sich nicht, mitten durch das Aquädukt hindurch eine Straße anzulegen.

Der Ort Fayence wurde erstmals im 12. Jahrhundert als »Favienta Loca« (vorteilhafter Ort) erwähnt, kurz danach errichteten die Bischöfe von Fréjus hier eine Sommerresidenz. Heute besitzt Fayence eine schmucke Altstadt, deren steile Gassen und Häuser sich bis zu den Ruinen einer Burg emporziehen und eine Vielzahl von Restaurants und Kunsthandwerkern beherbergen.

Auf den Grundmauern der römischen Mühle errichtete man im 17. Jahrhundert die Moulin de la Camandoule. Letztere wurde samt ihrem stimmungsvollen Gewölbe vor ein paar Jahrzehnten zu einem vornehmen Landhotel mit großem Park umgebaut. Als man damals einen Swimmingpool für die Gäste anlegte, wurden in der Baugrube römische Ziegel und andere antike Hinterlassenschaften ausgegraben.

Adresse Chemin de Notre-Dame des Cyprès, 83440 Fayence | **Anfahrt** 1 Kilometer südwestlich des Ortes gelegen, über die D 19 zu erreichen. | **Tipp** Die Moulin de la Camandoule ist eine traumhafte ländliche Herberge mit einem hervorragenden Restaurant (Tel. 0033/(0)494760084, www.camandoule.com).

21__Das Baptisterium
Frühchristliche Kultstätte

Fréjus ist bekannt für seine ausgedehnten Sandstrände und die vielen Campingplätze. Dass die Stadt auch ein reiches kulturelles Erbe vorzuweisen hat, nehmen die meisten Urlauber nur am Rande wahr, wenn sie beispielsweise an den Ruinen des römischen Amphitheaters vorbeifahren. Seitdem Caesar hier die Veteranen seiner 8. Legion angesiedelt hat, ist der an der Mündung des Flüsschen Argens gelegene Ort kontinuierlich besiedelt.

Ein wahres kunsthistorisches Kleinod ist das an der Wende vom 5. zum 6. Jahrhundert auf dem Grundriss eines griechischen Kreuzes errichtete Baptisterium. Sieht man von der Taufkapelle von Poitiers ab, so gehört das Baptisterium zu den ältesten Sakralbauten in ganz Frankreich! Dies verwundert nicht, da Fréjus bereits im Jahre 374 zum Bischofssitz erhoben worden war und eine wichtige Rolle bei der Christianisierung des Landes spielte.

Linker Hand vom Eingang zur Kathedrale öffnet sich durch ein Gitter der Blick auf das Baptisterium. Die Sorgfalt, mit der der Bau dieser Taufkapelle betrieben wurde, zeugt von der hohen Bedeutung, welche die christliche Glaubensgemeinschaft diesem Initiationsritus damals beigemessen hatte. Das Baptisterium befindet sich bewusst in einem gesonderten Raum außerhalb des eigentlichen Gotteshauses, da kein Ungetaufter die Kirche betreten durfte. Typisch für die spätantike Entstehungszeit sind das oktogonale Obergeschoss und der hohe Tambour, der seinen Namen seinem trommelförmigen Aussehen verdankt und als Architekturelement die Verbindung zur Kuppel herstellt. An den Seitenwänden wechseln sich halbrunde und eckige Nischen ab, dazwischen erheben sich Monolithsäulen aus grauem Marmor, die von weißen Marmorkapitellen gekrönt sind. Sie stammen von älteren römischen Bauten. Direkt in der Mitte der Rotunde befindet sich das Taufbecken, das in den Boden eingelassen wurde, damit der Täufling ganz eingetaucht werden konnte.

Adresse Place Camile Formigé, 83600 Fréjus | **Anfahrt** Fréjus liegt zwischen Cannes und Saint-Tropez an der Küstenstraße D 559. | **Öffnungszeiten** täglich 9–18.30 Uhr; Okt.–Mai 9–12 und 14–17 Uhr | **Tipp** Sehenswert ist auch der zweigeschossige Kreuzgang der Kathedrale mit seinen romanischen Rund- und gotischen Spitzbögen.

22 Die Étangs de Villepey

Naturschutzgebiet mit Bademöglichkeiten

Unverbaute und naturbelassene Küstenabschnitte sind rar an der Côte d'Azur. Die Grundstückspreise sind hoch, und die Region gehört zu den dicht besiedeltsten in Frankreich. Zwischen Menton und Saint-Tropez gibt es daher nur wenige größere Flächen, die von der Zivilisation unberührt geblieben sind, wie beispielsweise die Étangs de Villepey. Diese bis an das Meer heranreichende faszinierende Sumpflandschaft, die aus Süßwasserzuflüssen des Argens-Deltas und Meerwasser gespeist wird, ähnelt der Camargue und ist seit 1982 als Naturschutzgebiet ausgewiesen.

Das insgesamt 260 Hektar große Areal besitzt eine außergewöhnliche Flora und Fauna. Botaniker erfreuen sich an ausgedehnten Schilfgraswiesen mit Schilfrohr und Queller, aber auch an seltenen Pflanzen wie Meeresspargel und Orchideen wie Serapias (Zungenstendel). In der Brackwasserzone brüten im Frühjahr mehr als 200 verschiedene Vogelarten, darunter auch rosa Flamingos, Silber- und Graureiher sowie Bienenfresser, Zwergdommel, Grauammer und Drosselrohrsänger. In den Étangs leben Süßwasser- wie auch Salzwasserfische, zwischen den Binsen verstecken sich Schwarzbarsche, Stinte, Meeräschen, aber auch Karpfen. Scheue Zeitgenossen wie die Sumpfschildkröte oder den Waschbären wird aber wohl kaum ein Besucher zu Gesicht bekommen, der das Naturschutzgebiet auf einem der ausgeschilderten Naturlehrpfade durchstreift.

Die Étangs de Villepey grenzen direkt an das Meer. Hinter den Dünen erstreckt sich westlich des Flüsschens Argens ein zwei Kilometer langer Strandabschnitt, der mit seinem angenehm grobkörnigen Sand und der guten Wasserqualität zu den schönsten Stränden an der Côte d'Azur gezählt werden darf. Bars oder Badeanstalten mit Schirmverleih findet man hier nicht, dafür ist der östlichste Abschnitt bei der Flussmündung zum Nacktbaden ausgewiesen und meist wenig frequentiert.

Adresse 83600 Fréjus | **Anfahrt** Zwischen Fréjus und Saint-Aygulf an der Küsten-
straße (D 559). 1 Kilometer nach dem Campingplatz La Plage d'Argens findet sich
linker Hand die Einfahrt zu einem im Hochsommer gebührenpflichtigen Parkplatz.
Von dort sind es dann nur noch ein paar hundert Meter zu Fuß zum Meer. | **Tipp**
Vom Zentrum von Fréjus bestehen Busverbindungen zum Naturschutzgebiet.

23__Die Pagode

Eine echte buddhistische Tempelanlage an der Côte

Ein buddhistisches Heiligtum an der Côte d'Azur? Zuerst reibt man sich verdutzt die Augen, doch kein Zweifel: Über einem kleinen Hügel erhebt sich das Walmdach einer echten Pagode! Dieser ungewöhnliche Kulturtransfer ist Frankreichs imperialistischer Vergangenheit geschuldet, denn Fréjus war als Garnisonsstadt eine wichtige Drehscheibe für die Kolonialtruppen aus Afrika und Asien, die ihrem Mutterland im Ersten Weltkrieg zur Seite standen und ihre kulturellen Spuren hinterlassen haben. So gibt es in Fréjus nicht nur ein der berühmten Missiri-Moschee aus Mali nachempfundenes Gotteshaus, sondern auch eine buddhistische Pagode, die 1917 von Soldaten des aus Indochina stammenden 4. Infanterieregimentes errichtet wurde.

Nach Ende des Ersten Weltkriegs wurde die Pagode Hông-Hiên Tu verlassen und bröckelte vor sich hin. Erst 1954 begannen vietnamesische Flüchtlinge, die sich in Fréjus niedergelassen hatten, das Bauwerk zu renovieren und den buddhistischen Gottesdienst wieder aufzunehmen.

Der heutige, auf einem quadratischen Sockel stehende Tempelbau orientiert sich am traditionellen vietnamesischen Stil und ist von einer weitläufigen Gartenanlage umgeben, die auch einen taoistischen Tempel beherbergt. Bei einem Spaziergang durch den Garten kann man nicht nur eine exotische Flora mit Lotusblumen bewundern, sondern auch zahlreiche Buddhastatuen sowie farbenfrohe Figurengruppen mit Drachen, Elefanten und Pferden, denen man heilende oder schützende Funktionen zuschreibt. Mit einer Länge von zehn Metern gilt der schlafende Buddha von Fréjus als der größte Europas. Imposant ist auch die zwei Tonnen schwere Glocke. Bis heute treffen sich alljährlich die französischen Buddhisten in Fréjus, um in der Pagode gemeinsam ihre wichtigsten Feiertage zu begehen. Im Gegensatz zum Garten ist der Zutritt zur Pagode nur Buddhisten vorbehalten.

Adresse 13, Rue Henri-Giraud, 83608 Fréjus | **Anfahrt** Die DN 7 führt direkt ins Zentrum, von dort knapp 2 Kilometer auf der DN 7 in Richtung Cannes, direkt am Kreisverkehr, wo die D 37 abbiegt. | **Öffnungszeiten** täglich Mai–Sept. 9–21 Uhr; Okt.–April 9–18 Uhr; Tai Chi Chuan: So 10.30 Uhr, Qi Gong: So 11 Uhr | **Tipp** In unmittelbarer Nachbarschaft befindet sich das Mémorial des Guerres en Indochine, das der 24.000 französischen Soldaten und Zivilisten gedenkt, die im Indochina-Krieg ums Leben gekommen sind.

24__Die Gorges de Daluis

Im Schluchtenparadies

Die südfranzösischen Schluchtenlandschaften haben auf Motorradfahrer eine magische Anziehungskraft. Es gibt kaum einen felsigen Talgrund, in dem nicht irgendwann ein paar Biker lässig um die Kurve biegen. Zu den beliebtesten in Frankreich als »Gorges« bezeichneten Schluchten gehörten die Gorges de Daluis, die der Oberlauf des Var tief in den Fels gegraben hat.

Durch das rötlich schillernde Gestein der Schlucht zieht sich eine Straße, die von der Ortschaft Guillaumes über die namensgebende Ortschaft Daluis weiter nach Süden führt, wo sie in die D 6202 mündet. Die kurvenreiche Straße verläuft, an schmalen Durchlässen vorbei, direkt neben dem Var, streckenweise aber auch hoch über dem Fluss. Es lohnt sich, die eine oder andere Parkbucht anzusteuern, denn die Aussicht – nicht nur auf die umliegenden Berggipfel, sondern auch auf kleine Bäche, die sich als Wasserfall spektakulär in die Schlucht ergießen – ist bombastisch.

Ähnlich eindrucksvoll wie die Gorges de Daluis sind die Gorges Supérieures du Cians, eine Schlucht, die in einem östlich gelegenen Nachbartal verläuft. Durch mehrere Tunnel und an steilen Felsüberhängen vorbei zeigt sich der Himmel oft nur als ein schmales blaues Band. Innerhalb kürzester Zeit verändert sich auch die gesamte Vegetation, da das Flüsschen Cians innerhalb kürzester Zeit mehr als tausend Höhenmeter bewältigt. An zwei Stellen, Petit Clue und Grand Clue, kann man anhalten und ein kleines Stück am Wildbach entlanglaufen.

Beide Schluchten lassen sich bequem zu einem rund 80 Kilometer langen Rundkurs, der auch über Valberg, Guillaumes, Entrevaux und Puget-Théniers führt, verbinden. Valberg selbst ist einer der bekanntesten Wintersportorte in den französischen Seealpen. Mit einer Höhenlage von mehr als 1.600 Metern sind gute Schneeverhältnisse bis weit in das Frühjahr hinein garantiert. Und nach Nizza sind es mit dem Auto gerade einmal eineinhalb Stunden.

Adresse Gorges de Daluis | **Anfahrt** Die Gorges de Daluis liegen rund 100 Kilometer nordwestlich von Nizza. Die D 2202 führt durch die gesamte Schlucht. | **Tipp** Wagemutige Bungee-Springer stürzen sich im Sommer vom Pont de la Mariée, einer eindrucksvollen Bogenbrücke, knapp 85 Meter in die Tiefe.

25__ Das Adlernest

Dem Abgrund so nah

Es gibt mindestens zwei Dutzend Dörfer im Hinterland der Côte d'Azur, die sich um den imaginären Titel des am spektakulärsten gelegenen Bergdorfs streiten. Wer auch immer in dieser Jury sitzen würde, es dürfte sicher sein, dass für Gourdon ein Platz auf dem Siegerpodest reserviert wäre, denn das geschichtsreiche Bergdorf kann mit einer unvergleichlichen Kulisse aufwarten.

Wer von Grasse auf der gewundenen Route de Caussols nach Norden fährt, dem eröffnet sich ein eindrucksvolles Bergpanorama: Wie ein Adlerhorst (Nid d'Aigle) scheint Gourdon in rund 760 Metern Höhe auf einem Felsen über dem Tal – oder besser über der Schlucht – des Loup zu kleben. Noch eindrucksvoller ist es allerdings, von Bar-sur-Loup auf dem Chemin du Paradis in knapp zwei Stunden hinaufzuwandern. In stetig ansteigenden Schleifen windet sich der Paradiesweg am Aqueduc du Foulon vorbei nach Gourdon. Ein wahrlich imposanter Anblick! Ob dies auch der Briefträger so empfunden hat, der noch zu Beginn des 20. Jahrhunderts diesen Weg einmal täglich bewältigen musste, sei dahingestellt.

Gourdon selbst ist ein recht wehrhaftes Dorf. Zur Talseite hin uneinnehmbar, sicherte den nördlichen Dorfeingang eine mächtige Burg ab. Dieses Château de Gourdon wurde im 17. Jahrhundert zu einem repräsentativen Renaissanceschloss umgebaut und erweitert, wobei kein Geringerer als André Le Nôtre, der berühmte Gartenbauarchitekt von Versailles, die terrassenförmig angelegten Gärten mit ihren kugel- und zylinderförmig gestutzten Buchsbäumen und Myrtesträuchern entworfen hat. Eine Besichtigung ist allerdings nur für Gruppen nach Voranmeldung möglich.

Frei zugänglich sind aber die gepflasterten Gassen des Dorfes, aus denen der Autoverkehr schon lange verbannt wurde. Beim Bummel durch das Dorf sollte man weniger den zahlreichen Souvenirgeschäften als der grandiosen Aussicht bis hinunter zur Küste Beachtung schenken.

Adresse 06620 Gourdon, www.chateau-gourdon.com | **Anfahrt** Gourdon liegt 40 Kilometer nördlich von Cannes, direkt an der D 12. | **Tipp** Weiter nördlich liegt die Hochebene von Caussols, ein karges, menschenleeres Kalksteinplateau mit fast surreal wirkenden Gesteinsformationen.

26_ Der Parfümeur

Der Bauchladen der Düfte

Grasse ist die Hauptstadt der Düfte und des Parfüms. Diesen Ruf verdankt das im Hinterland der Côte d'Azur gelegene Grasse letztlich der Gerberei. Als es im 16. Jahrhundert an den europäischen Höfen Mode wurde, parfümierte Handschuhe zu tragen, sammelten die örtlichen Produzenten ihre ersten Erfahrungen mit der Herstellung und der Extraktion von Duftstoffen, die dann im Zeitalter des Absolutismus die morgendliche Toilette ersetzten. Und spätestens seit Patrick Süskinds Megabestseller »Das Parfum« ist die französische Kleinstadt weltbekannt.

Ganze Busladungen von Besuchern lassen sich täglich zu den bekannten Parfümerien von Galimard und Fragonard karren, um sich mit den neuesten Düften einzudecken. Kaum Beachtung bekommt dagegen die rund einen Meter große Bronzeskulptur eines mittelalterlichen Parfümeurs, die der polnischstämmige Künstler Tomek Kawiak 1997 geschaffen hat. Kawiak hat hier nicht seiner Phantasie freien Lauf gelassen, sondern den Kupferstich »Habit de Parfumeur« von Nicolas de Larmessin aus dem späten 17. Jahrhundert als Vorlage genommen. De Larmessin hatte damals eine ganze Serie von 97 Gravuren gefertigt, die Handwerker und Händler in grotesken Kostümen zeigen. Auch bei der Darstellung seines Parfümhändlers hat sich Larmessin als skurriler Modedesigner betätigt und einen Mantel mit Flügeln und einen Destilliertopf als Hutbedeckung entworfen. Umgeschnallt trägt seine Skulptur eine Art Bauchladen mit aromatischen in Flaschen abgefüllte Essenzen wie Malte, Eaux d'Ange sowie Pastillen und Salben. Rund um die Hüfte baumeln kleine Säckchen mit Kräutern, Zedernholz, Cire d'Espagne und Rouge d'Espagne, aber auch Tabak, während die Figur in der Hand parfümierte Tücher und Duftkugeln hält.

Bis zu unseren modern-designten Parfümerie-Tempeln war es da noch ein weiter Weg – günstig waren die beliebten Essenzen aber schon damals nicht.

Adresse Boulevard Fragonard, 06130 Grasse | **Anfahrt** Grasse liegt 20 Kilometer nord-westlich von Cannes und ist über die D 6185 schnell zu erreichen, im Ort rechts auf die D 2562, dann im benachbarten Parkhaus unter dem Place du Cours Honoré-Cresp parken. | **Tipp** Interessant ist auch ein Besuch des benachbarten Parfümmuseums, 8, Place du cours Honoré Cresp (Mai–Sept. täglich außer an Feiertagen 10–19 Uhr, Sa bis 21 Uhr; Okt.–April Mo, Mi–So Di 11–18 Uhr, www.museesdegrasse.com).

27 Die alten Salinen

Eine Saline als Naturschutzgebiet

Die Geschichte von Hyères ist untrennbar mit seinen Salinen verbunden. Salz war seit jeher ein beliebter Konservierungsstoff, schon die Griechen und Römer betrieben östlich der damals noch Olbia genannten Stadt den Abbau von Meersalz. Nachdem die Salzgewinnung dann lange Zeit brachgelegen hatte, nahm Hyères einen erneuten Aufschwung, als die Herren von Fos hier einen befestigten Ort namens Areis – der Name leitet sich von »Aerea« (Salinen) ab – errichteten, der von einer Burganlage geschützt wurde.

Im Zeitalter der Industrialisierung stieg die Nachfrage noch einmal deutlich an. Um den steigenden Bedarf an Salz decken zu können, wurde mit der Salin des Pesquiers auf der schmalen Landzunge südlich von Hyères eine weitere 550 Hektar große Saline angelegt.

Um Salz zu gewinnen, muss das Mittelmeerwasser, das normalerweise rund drei Gramm pro Liter enthält, durch mehrere Verdunstungsbecken geleitet werden; es wird mit Chlor und Sodium gesättigt, sodass sich der Salzgehalt auf 260 Gramm pro Liter erhöht. Anschließend kann das eingedampfte Meersalz mit rechenartigen Werkzeugen im Herbst »geerntet« werden. Die jährliche Ausbeute betrug zuletzt rund 40.000 Tonnen! Aufgrund der zunehmenden globalen Konkurrenz konnten die Salinen von Hyères nicht mehr wirtschaftlich betrieben werden, weshalb die Produktion 1995 endgültig eingestellt wurde.

Die Salzgärten der Vieux Salins verwandelte man 2001 in ein 350 Hektar großes Naturschutzgebiet, das nur auf ausgewiesenen Routen erkundet werden darf. Anhand von Schautafeln erhält man einen Einblick in das fragile Ökosystem und erfährt, dass in dem faszinierenden Naturreservat inzwischen weit über hundert verschiedene Vogelarten, darunter Flamingos, Kormorane, Seeschwalben, Säbelschnäbler, Haubenlerchen, Brandgänse, Reiher und andere Brachvögel brüten. Zudem finden sich geschützte Pflanzen wie Queller, Strandflieder und Strand-Sode.

Adresse Rue de Saint-Nicolas, Village des Vieux Salins, 83400 Hyères, www.tpm-agglo.fr/salins-hyeres | **Anfahrt** Hyères liegt 20 Kilometer östlich von Toulon am Ende der Autobahn A 570. Die alten Salinen erstrecken sich nochmals 5 Kilometer östlich unweit des Meeres an der D 12. Das Auto stellt man am besten auf dem ausgeschilderten Parkplatz »Espace Nature« ab. | **Öffnungszeiten** Mi–So Jan.–März, Nov., Dez. 10–12 und 14–16.30 Uhr; April–Juni, Sept., Okt. 9–12 und 14–17.30 Uhr; Juli und Aug. 9–12 und 16–20 Uhr | **Tipp** Um die Vogelwelt zu beobachten, sollte man unbedingt ein Fernglas mitführen. Lohnend ist auch ein Abstecher zur südlich der Halbinsel gelegenen Île de Porquerolles.

28_ Das Castel Pierre Lisse

*Übernachten mit Designklassikern und
moderner Kunst*

Längst haben die Chambres d'hôtes an der Côte d'Azur die Hotels und Campingplätze als beliebteste Übernachtungsmöglichkeit abgelöst. In Deutschland hingegen ist die französische Variante des BB noch weitgehend unbekannt. Bei dieser in Frankreich inzwischen weitverbreiteten Unterkunftsform handelt es sich nicht um ein paar einfache und langweilig möblierte Gästezimmer, sondern um ländliche Anwesen, gelegentlich auch um schmucke Stadtpaläste oder Schlösser, in denen ein oder mehrere Zimmer an Gäste vermietet werden. Gesetzlich ist nur geregelt, dass nicht mehr als fünf Zimmer an bis zu 15 Gäste vergeben werden dürfen und der Vermieter im selben oder einem angrenzenden Gebäude wohnen muss.

Eines der schönsten und ungewöhnlichsten Chambres d'hôtes an der Côte d'Azur ist das am Rande der Altstadt von Hyères gelegene Castel Pierre Lisse. Das stattliche Anwesen aus dem 19. Jahrhundert bietet nicht nur einen herrlichen Küstenblick, sondern begeistert mit einer faszinierenden Einrichtung. Über Haus und Garten verteilt finden sich so viele Kunstwerke und Fotografien, dass man das Gefühl hat, in einer zeitgenössischen Galerie zu wohnen. Dort in der Ecke steht eine kleine Skulptur von Niki de Saint Phalle, hier eine Vase von Cocteau. Keine Frage: Der Besitzer Nicolas ist ein begeisterter Kunstsammler und ein ebenso liebevoller Gastgeber.

Alle fünf Zimmer sowie die Gemeinschaftsräume sind detailverliebt mit Vintagemöbeln eingerichtet, darunter viele Designklassiker von Le Corbusier oder Arne Jacobsen. Im Chambre Jade finden sich beispielsweise Lampen von Ingo Maurer und ein Stuhl von Verner Panton. Glücklicherweise muss man auch nicht auf Komfort verzichten, denn die großzügigen Zimmer mit ihren herrlichen Bädern sind einem Luxushotel ebenbürtig. Entspannung bieten ein gepflegter Garten sowie der hauseigene Pool, an dessen Seite auf Wunsch ein Abendessen serviert wird.

Adresse 1, Rue du Château, 83400 Hyères, Tel. 0033/(0)494311118, www.castel-pierre-lisse.com |
Anfahrt Hyères liegt 20 Kilometer östlich von Toulon am Ende der Autobahn A 570. |
Tipp Die Villa Noailles in Hyères begeistert mit ihrem kubistischen Garten und wird für
Ausstellungen und Modeshows genutzt (www.villanoailles-hyeres.com).

29_Die Klosterburg

Eine Festung für den Glauben

Ein Kloster ist bekanntlich ein Ort des Rückzugs und der inneren Einkehr, wie bereits der lateinische Name »Claustrum« hervorhebt. Solche Orte der Einkehr wurden meist in schwer zugänglichen Regionen errichtet, in einsamen Tälern oder auf entrückten Berggipfeln. Je einsamer die Lage war, desto weniger störten weltliche Einflüsse das spirituelle Leben. Eine Insel erschien den Gläubigen daher geradezu ideal für den Bau eines Klosters, man denke nur an den Mont Saint-Michel in der Normandie.

Zu den ersten und damit ältesten Klöstern in Westeuropa gehörte jenes auf der Île de Saint-Honorat in der Bucht von Cannes. Es wurde um das Jahr 405 von dem heiligen Honoratus gegründet und prosperierte schnell. Im frühen Mittelalter lebten zeitweise mehrere hundert Mönche auf der Insel. Dank zahlreicher Schenkungen besaß die Gemeinschaft einen ausgedehnten Grundbesitz auf dem Festland. Doch der Reichtum weckte Begehrlichkeiten: Immer wieder suchten Sarazenen und andere Piraten die Insel heim, plünderten und brandschatzten das Kloster.

Schließlich entschlossen sich die Mönche im Jahre 1073, am südlichen Rand der Insel eine mächtige Burg zu errichten, die fortan als letzte Zuflucht diente; ihr Aufbau entspricht einem gen Himmel gerichteten Kloster. Um das klösterliche Leben auch bei einer längeren Belagerung ausüben zu können, hatten die Mönche den Innenhof ihrer Festung in einen zweistöckigen Kreuzgang umgewandelt, und auch die üblichen Räumlichkeiten wie Refektorium, Bibliothek und Kapelle durften nicht fehlen. Der Eingang wurde auf vier Meter Höhe verlegt und war nur mit einer Leiter zu erreichen. Mehrfach konnten so feindliche Angriffe erfolgreich abgeschlagen werden. Den Kanonen spanischer und genuesischer Schiffe konnte die Klosterburg aber im 17. Jahrhundert nicht standhalten. Die Insel wurde erobert, das Kloster verlor an Bedeutung und verfiel, bevor es 1788 endgültig aufgelöst wurde.

Adresse 06400 Île de Saint-Honorat | **Anfahrt** Die Überfahrt dauert 15 Minuten, Abfahrt ist in Cannes am Westrand des Vieux Port stündlich ab 9 Uhr, letzte Rückfahrt meist um 17.45 beziehungsweise 18 Uhr. | **Tipp** Seit 1869 leben wieder Zisterziensermönche auf der Insel. Die damals errichtete Klosterkirche kann besichtigt werden (www.abbayedelerins.com).

30 Die Hotelruine

Der Niedergang des Hotel Provençal

Juan-les-Pins und das Cap d'Antibes gehören zu den nobelsten Ecken an der Côte d'Azur. Distinguiertes Flair mit lichten Pinienhainen, auf den Straßen sieht man mehr Rolls-Royce als Trabis in Greifswald. Doch wer entlang der Küstenstraße spaziert, reibt sich verwundert die Augen: Wie ein riesiger weißer Elefant ragt ein baufälliger Koloss hinter einem Bauzaun auf.

Das Hotel Provençal gilt als die größte Hotelruine der Welt und kündet noch von den Glanzzeiten der Côte d'Azur. Durch den Schriftsteller F. Scott Fitzgerald und seine Frau Zelda wurden Antibes und Juan-les-Pins auch jenseits des Atlantiks berühmt. Dem amerikanischen Multimillionär Frank Jay Gould gefiel der Landstrich, und so ließ er im Jahre 1927 einen imposanten Hotelpalast mit 290 Zimmern im angesagten Art-déco-Stil errichten. Gould schwebte eine Luxusherberge vor, die erstmals auch in den damals noch als zu heiß geltenden Sommermonaten geöffnet sein sollte. Das Geschäftsmodell hatte Erfolg, Industrielle wie auch Künstler waren begeistert. Unter den Gästen tummelten sich Charles Chaplin, André Gide, Jack Warner und Estée Lauder. Und Klaus Mann empfahl in seinem Riviera-Buch: »Wenn Sie zufällig in Juan wohnen, tun Sie es nicht unter dem Provençal-Hotel, eine Burg des Reichtums, die von erhöhter Stelle den Blick übers Meer beherrscht.«

Doch 1976 kam der Niedergang: nicht schleichend, sondern wie ein Erdbeben. Der Pariser Juwelier und Hotelbesitzer Alexandre Reza sperrte das Haus von einem auf den anderen Tag zu, weil seine Umbaupläne nicht genehmigt worden waren. Niemand hatte damit gerechnet, dass er seine Drohungen wahr machen und alle Angestellten entlassen würde. Seither ist das Hotel dem Verfall preisgegeben. Vergeblich sucht man heute eine Spur des alten Glanzes in den leeren Fensteröffnungen des Geisterhauses. Es bröckelt an allen Ecken, und man kann nur hoffen, dass sich bald ein Investor erbarmt.

Adresse Rue Saint-Barthélémy, 06160 Juan-les-Pins (Antibes) | **Anfahrt** Juan-les-Pins liegt 2 Kilometer südlich von Antibes. Die Rue Saint-Barthélémy grenzt östlich an die Jardins de la Pinède an. | **Tipp** Auf dem Cap d'Antibes gibt es mit dem Eden Roc am Boulevard J. F. Kennedy noch ein Luxushotel, das den Glanz vergangener Tage ausstrahlt (Tel. 0033/(0)493613901, www.hotel-du-cap-eden-roc.com).

31 _ Die jazzige Straßenlaterne

Swinging Lights in Nouvelle-Orléans-les-Pins

Jazz ist in Juan-les-Pins die vorherrschende Musikrichtung, seit sich im Jazz-Zeitalter der 1920er Jahre rund um den amerikanischen Schriftsteller F. Scott Fitzgerald und seine Frau Zelda Seyre ein illustrer Künstlerkreis zusammenfand, dem der Küstenort sein frivoles Flair verdankt. Bei den privaten Partys wurden die besten Schellackplatten mit Blues, Ragtime, Negro Spirituals und Jazz aufgelegt, auch Stars wie Maurice Chevalier und Josephine Baker standen hier auf der Bühne.

Neidvoll blickt das benachbarte Antibes bis heute auf das Nachtleben von Juan-les-Pins. Während man in Antibes längst die Gehsteige hochgeklappt hat, steppt in Juan noch der Bär: Ein halbes Dutzend Diskotheken und mindestens ebenso viele Bars haben bis in die frühen Morgenstunden geöffnet. Selbst die Straßenbeleuchtung ist eine Reminiszenz an die musikalische Tradition: Die bunten, ungewöhnlich geformten Laternen erinnern als »Swinging Lights« an das berühmteste Sommerjazz-Festival Europas, das im Jahr 1960 gegründet wurde.

Nach dem Zweiten Weltkrieg war es vor allem der Klarinettist und Saxophonist Sydney Bechet, der sich an der Côte d'Azur um den Jazz verdient gemacht hatte. Bereits ein Jahr nach seinem Tod wurde im Schatten der namensgebenden Pinien das Festival ins Leben gerufen. Seither treffen sich alljährlich im Juli Jazzliebhaber aus aller Welt in Juan-les-Pins, um hier zehn Tage unter freiem Himmel die Stars der Branche zu hören.

Es gibt wohl keinen bekannten Jazz-Musiker, der nicht schon bei dem Jazz-à-Juan-Festival in der Pinède Gould aufgetreten ist, angefangen von Ray Charles über Miles Davis, Ella Fitzgerald und Louis Armstrong bis hin zu Oscar Peterson, Dizzy Gillespie, Duke Ellington, Stan Getz und Keith Jarrett. Zahlreiche Musiker wie Count Basie, John Coltrane und Dee Dee Bridgewater sind zudem mit ihren Handabdrücken auf einem Walk of Fame verewigt.

Adresse Avenue Georges Gallice, 06160 Juan-les-Pins (Antibes) | **Anfahrt** Juan-les-Pins liegt 2 Kilometer südlich von Antibes. Die Avenue Georges Gallice befindet sich 100 Meter vom Spielcasino entfernt. | **Tipp** Die Karten für das Festival sind sehr begehrt, daher sollte man sich rechtzeitig darum kümmern (www.jazzajuan.com). Im nahen Golf-Juan erinnert eine Plakette daran, dass Napoléon dort 1815 nach seiner Verbannung aus Elba an Land ging.

32__Der Traumpool

Der schönste Pool im ganzen Département

»The pool makes the party« – dies wussten schon die Hollywood-stars in den 1930er Jahren, als sie sich am Pool des Beverly Hills Hotels in der Sonne räkelten. Seither gibt es kaum mehr ein Hotel oder eine Ferienanlage, die für ihre Gäste nicht einen oder mehrere Pools in den unterschiedlichsten Formen und Größen bereithält. Es gibt runde, ovale und nierenförmige Bassins, deren Böden in diversen Türkis- und Blautönen schimmern; es gibt klar begrenzte Edelstahlbecken oder kostbare Mosaikböden mit den Hotelinitialen, terrassierte Beckenlandschaften sowie Infinity-Überlaufpools, die das Gefühl vermitteln, das Wasser würde sich mit der Unendlichkeit des Horizontes vermählen. Ein Pool schmeichelt dem Auge des Betrachters, und dem Sonnenanbeter genügt allein die Gewissheit, sich abkühlen zu können. Mehr noch: Das Blau eines Schwimmbeckens verspricht Entspannung, Spaß und Lebensfreude, jeder noch so kleine Pool strahlt Dekadenz und Luxus aus, verströmt Laszivität.

Längst gehören Schwimmbäder auch zum Stadtbild vieler französischer Gemeinden, wobei diese oft nur zwei Monate lang geöffnet sind. Keine Frage, dass auch La Bollène-Vésubie nicht zurückstehen wollte, obwohl der Ort gerade einmal 500 Einwohner zählt. Wie auf dem Präsentierteller liegt La Bollène-Vésubie auf einer Hügelkuppe in den Seealpen. Weit reicht der Blick über die Kastanienwälder und Gipfelkämme des Mercantour-Nationalparks bis hinüber zum mächtigen Massif de l'Authion. Einen besseren Platz für ein Schwimmbad kann man sich kaum vorstellen. Für einen Pool mit olympischen Ausmaßen reichte der Platz nicht, aber das beheizte Becken ist immerhin 25 Meter lang, sodass auch sportliche Schwimmer problemlos ihre Bahnen ziehen können. Wer will, kann sich auch »Matériel de Plage« ausleihen, denn auf einer Liegematte mit Sonnenschirm lässt sich der Panoramablick über die Berggipfel noch besser genießen!

Adresse Ancien Chemin de la Bollène, 06020 La Bollène-Vésubie | **Anfahrt** La Bollène-Vésubie liegt 60 Kilometer nördlich von Nizza und ist über die M 2565 zu erreichen. | **Öffnungszeiten** Juli–Anf. Sept. täglich 11–19 Uhr | **Tipp** Direkt neben dem Schwimmbad gibt es noch ein kleines Restaurant, das im Sommer geöffnet hat.

33 Notre-Dame-des-Fontaines

Die Sixtinische Kapelle der Seealpen

Die Wallfahrtskapelle Notre-Dame-des-Fontaines liegt gewissermaßen am Ende der Welt. Inmitten der französischen Seealpen wurde die schlichte, einschiffige Kirche gegen Ende des 14. Jahrhunderts in einem abgeschiedenen (gottverlassenen?) Tal an der Stelle eines Vorgängerbaus errichtet. Nur eine Stichstraße führt hierher, links und rechts ist das Kirchlein von dem französisch-italienischen Grenzkamm flankiert, stellenweise hat man einen Blick auf den 2.201 Meter hohen Mont Saccarel, der als höchster Berg Liguriens gilt, obwohl sein Gipfel auf französischem Staatsgebiet liegt.

Zwischen Bäumen versteckt und tief ins Tal geduckt, würde wohl niemand vermuten, dass sich in dem schlichten fensterlosen Gotteshaus der größte Freskenzyklus Südfrankreichs und damit eine der bedeutendsten kunstgeschichtlichen Sehenswürdigkeiten der Region verbirgt. Der Zyklus ist ein Werk des aus dem Piemont stammenden Künstler-Priesters Giovanni Canavesio, der gegen Ende des 15. Jahrhunderts als Wandermaler in der Grafschaft Nizza hohes Ansehen genoss. Rund zwölf Jahre lang arbeitete er – im Chor und auf den Pfeilerbögen wahrscheinlich von seinem Schüler Jean Baleison unterstützt – an den Fresken der Wallfahrtskapelle. Da Canavesio seine Wandbilder auf trockenem Putz ausführte, handelt es sich genau genommen um eine Temperamalerei.

Canavesio ließ sich bei seinen Miniaturmalereien meist von den apokalyptischen Büchern inspirieren. Die Szenen entstammen drei Themenkreisen: Während im Chor und an der östlichen Stirnwand das Leben Marias erzählt wird, sind die Seitenwände mit der Passionsgeschichte bemalt; die Westwand bleibt dem Jüngsten Gericht vorbehalten. Faszinierend sind die realistischen Illustrationen mit skurrilen Details: So hängt Judas, von einem dämonischen Affen aufgeschlitzt, mit blutigen Eingeweiden an einem Olivenbaum.

Adresse 06430 La Brigue | **Anfahrt** La Brigue liegt in einem Nebental der Roya, 3 Kilometer südlich von Tende. Die Kapelle befindet sich 4 Kilometer östlich von La Brigue am Ende einer kleinen Stichstraße (D 43). | **Öffnungszeiten** Mai–Nov. Mo, Mi–So 10–12.30 und 14–17.30 Uhr | **Tipp** Direkt unterhalb der Kapelle fließt die Levense vorbei. Im Sommer kann man im Bergbach herrlich seine Füße kühlen.

34__ Der Parcours Cycable

Fahrradfahren auf einer alten Bahntrasse

Frankreich ist bekanntlich das Land der Tour de France. Die Radbegeisterung ist in der Bevölkerung tief verwurzelt. Egal, ob Bäcker oder Anwalt – sie alle schwingen sich mit Begeisterung auf das Rennrad. Vor allem am Wochenende sieht man überall die Grüppchen mit ihren bunten Trikots, wie sie sich im Windschatten ihres Vordermanns über Pässe und Hügel kämpfen. Ein beliebtes Terrain sind natürlich die Küsten und das Hinterland der Côte d'Azur. Auch Ex-Staatspräsident Nicolas Sarkozy strampelt hier immer wieder gerne im sportlichen Outfit durch die Gegend. Sieht man zufällig einmal einen Radfahrer mit voll bepackten Satteltaschen, dann kann man davon ausgehen, dass es sich um einen deutschen Urlauber handelt.

Wer die teilweise engen Landstraßen und das Fahrverhalten der Südfranzosen kennt, weiß, dass das Radfahren hier nicht ungefährlich ist. Immer wieder ist in der Lokalpresse von Unfällen zu lesen. Glücklicherweise erinnerte man sich an eine aufgelassene Bahntrasse, die seit Jahrzehnten brach lag. Neu geteert und mit zwei markierten Fahrspuren, bildet diese alte Bahnlinie das Kernstück eines Radweges, der sich quer durch das ganze Département Var von Six-Fours im Westen bis hinüber nach Saint-Raphaël am Fuße des roten Estérel-Gebirges erstrecken soll. Insgesamt wird die Strecke einmal 120 Kilometer lang sein und durch 20 Gemeinden führen. Momentan sind rund 80 Kilometer ausgebaut, davon sind aktuell 68 Kilometer ausschließlich für Fahrradfahrer reserviert. Ungestört vom Autoverkehr kann man auf dem Parcours Cycable du Litoral entlang der Küste radeln, wobei der meist nur moderat ansteigende Weg stellenweise durch beleuchtete Tunnel führt. Der Küstenradweg gilt schon jetzt als Erfolgsprojekt: Das benachbarte Département Alpes-Maritimes plant nun ebenfalls, entlang der gesamten Küste zwischen Menton und Théoule-sur-Mer eine zweispurige Radstrecke anzulegen.

Adresse 83250 La Londe-les-Maures | **Anfahrt** La Londe-les-Maures liegt an
der Küstenstraße (D 98) zwischen Hyères und Le Lavendou. | **Tipp** Es gibt an
der Côte d'Azur inzwischen auch zahlreiche ausgeschilderte Touren für Mountain-
biker. In Fréjus findet zudem alljährlich das Mountainbike-Festival Roc d'Azur statt
(www.rocazur.com).

35 Die Trophée des Alpes

Eine Siegestrophäe für Augustus

Drehen wir die Zeit doch einfach mal kurz um zweitausend und ein paar Jahre zurück: Nahezu der gesamte Mittelmeerraum wurde damals von Rom aus beherrscht. Niemand konnte den römischen Legionen standhalten. Roms Wille war Gesetz. Doch hier und da gab es ein paar Völker, die sich gegen Rom auflehnten, sich dem Imperium nicht unterordnen wollten. Dazu gehörten die in den schwer zugänglichen Bergtälern lebenden Ligurier und andere Alpenvölker, die auf ihrer Eigenständigkeit beharrten und immer wieder römische Truppen oder Kaufleute angriffen.

Irgendwann hatten die Römer dann aber genug von den aufständischen Alpenvölkern: Kaiser Augustus schickte seine Stiefsöhne mit zwei Legionen in Richtung Ligurien. Und wie befohlen, erledigten Drusus und Tiberius den Auftrag zur kaiserlichen Zufriedenheit. Die Unterwerfung war nur zweitrangig, vordergründig ging es den Römern um die Sicherung der wichtigen Landverbindung zwischen Italien und der Provinz Gallia Narbonensis.

Zum Gedenken an die Unterwerfung ließ der römische Senat im Jahre 7 oder 6 vor unserer Zeitrechnung zu Ehren des Kaisers ein gigantisches Siegesmonument errichten. Als Standort wurde eine 480 Meter hohe Passhöhe der Via Aurelia auserkoren, die nach der Reichsreform von Diokletian die Grenze zwischen dem römischen Italien und Gallien markieren sollte. Wenn man die Größe des Monuments betrachtet, so müssen die Ligurier tapfere Gesellen gewesen sein: Schon von Weitem lässt sich das 35 Meter hohe, von der Zeit stark mitgenommene Denkmal ausmachen. Wie imposant muss die Trophée des Alpes erst gewesen sein, als sie noch knapp 50 Meter emporragte! Die Nachwelt ging mit dem Monument leider nicht pfleglich um: Erst wurde es zur Burg umgebaut, später diente es dann gar als Steinbruch. Erst zu Beginn des 20. Jahrhunderts erkannte man die Bedeutung und leitete Restaurierungsmaßnahmen in die Wege.

Adresse Avenue Albert 1er, 06320 La Turbie | **Anfahrt** La Turbie liegt an der Grande Corniche (D 2564) rund 5 Kilometer oberhalb von Monaco. | **Öffnungszeiten** April–Sept. Di–So 9.30–13 und 14.30–18.30 Uhr; Okt.–März Di–So 10–13.30 und 14.30–17 Uhr | **Tipp** Am Rande des Parks gibt es eine Panoramaterrasse, von der sich ein herrlicher Blick auf Monaco und die Küste öffnet.

36_ Der Wolfspark

Im Alpha Loup dem Wolf auf der Spur

Jahrhundertelang streiften Wölfe durch die Seealpen, doch 1947 war Schluss: Mit Hilfe von Gift, Gewehrkugeln und Fallen hatten die Jäger den Bestand dezimiert und schließlich das letzte Tier erlegt, immerhin galt der »Canis lupus« als der natürliche Feind der Bauern und Hirten. Erst 1992 wanderten die ersten Wolfsrudel wieder von der italienischen Seite der Seealpen nach Frankreich ein. Beliebt ist der Wolf bei den Viehzüchtern noch immer nicht, doch steht er inzwischen unter Naturschutz und darf nur unter bestimmten Umständen gejagt werden.

Obwohl die Wolfspopulation zahlenmäßig angewachsen ist, kommen normale Wanderer (glücklicherweise?) nicht in die Verlegenheit, in der freien Natur jemals einem Wolf zu begegnen. Das Interesse aber ist groß, und so wurde im April 2005 im Herzen des Mercantour-Nationalparks ein zehn Hektar großer Landschaftspark (Scénoparc Alpha) angelegt, um Besuchern die Möglichkeit zu bieten, ein ganzes Rudel Wölfe in seinem natürlichen Lebensraum beobachten zu können.

In einer Höhe von 1.500 Metern leben seither inmitten der herrlichen Gebirgslandschaft rund zwei Dutzend bereits in Gefangenschaft aufgewachsene Wölfe in drei bis zu 25.000 Quadratmeter großen umzäunten Arealen, die von besonderen Beobachtungspunkten eingesehen werden können. Allerdings ist es durchaus möglich, dass man lange an einem der Beobachtungsposten ausharren muss, bis man einen Wolf zu sehen bekommt, denn die Tiere leben nicht im Zoo, sondern in der freien Natur und verstecken sich meist im Unterholz des Waldes. Am einfachsten und spektakulärsten ist es sicherlich, die Wölfe während der täglichen Fütterung zu erleben. In drei ehemaligen Kuhställen wurde zudem ein Informationszentrum eingerichtet. Mit Hilfe von Videos, Schautafeln und multimedialer Unterstützung werden die Besucher für die Wiederansiedlung der Wölfe in den Seealpen sensibilisiert.

Adresse Chalet d'Accueil du Boréon, Route Départementale 89, 06450 Saint-Martin-Vésubie, www.alpha-loup.com | **Anfahrt** Von Saint-Martin-Vésubie auf der M 89 rund 8 Kilometer in Richtung Le Boréon fahren. | **Öffnungszeiten** Feb.–Mitte Nov. täglich 10–18 Uhr, letzter Einlass 16.30 Uhr, Führungen um 11.30 und 14.30 Uhr, Fütterung 14.30 Uhr | **Tipp** Ende Juli bis Ende August finden um 20 Uhr nächtliche Führungen statt (obligatorische Voranmeldung unter Tel. 0033/(0)493023369).

37__Der Walkreis

Eine runde Sache

Ohne Kreisverkehr geht es auf Frankreichs Straßen nicht. Der erste Kreisverkehr wurde 1907 am Arc de Triomphe in Paris eingeweiht: Bis heute besitzt Frankreich nicht nur 30.000 Ronds-points, sondern damit angeblich die Hälfte aller weltweit vorhandenen Kreisverkehre!

Französische Autofahrer und Städteplaner lieben ihre Ronds-points. Vor allem seit 1984 die umstrittene Rechts-vor-links-Regel aufgehoben wurde, huldigen die französischen Straßenbauer dem Kreisverkehr bedingungslos, um den Verkehrsfluss zu steigern. Mit leicht reduzierter Geschwindigkeit und wachem Auge wird erst geschickt in den fließenden Verkehr eines Kreisels eingefädelt, bevor man sich vom eigenen Schwung durch den Kreisverkehr tragen lässt. Zuletzt wird dieser wieder unauffällig verlassen, wobei man aus Tarnungsgründen auch gerne auf Blinkzeichen verzichtet. Als Störfaktor gelten kreisverkehrunerfahrene Ausländer und längere Lastwagengespanne, denn es gibt für einen sportlichen Autofahrer nichts Schlimmeres, als an einer roten Ampel im Stillstand zu verharren.

Kreisverkehre findet man an der Côte d'Azur in allen Formen und Variationen. Es gibt einspurige ebenso wie dreispurige, wobei die Zahl der Ausfahrten meist vom Durchmesser abhängig ist und sich leicht auf ein halbes Dutzend steigern lässt.

Vor ein paar Jahrzehnten muss ein phantasievoller Landschaftsarchitekt oder Tourismusmanager erstmals auf die Idee gekommen sein, dass man die dröge Insel in der Mitte des Kreisverkehrs verzieren könnte. Die Gemeinden übertreffen sich inzwischen mit individuellen Schöpfungen, die meist der Selbstwerbung dienen. Es gibt kaum mehr einen Kreisverkehr, der nicht mit antiken Amphoren, einsamen Flamingos oder bunten Fischerbooten bestückt ist. In Le Lavendou entschied man sich für eine Dekoration mit drei Walflossen aus Bronze in einem Wasserbecken, die nachts in blaues Licht getaucht werden.

Adresse 83980 Le Lavandou | **Anfahrt** Der Kreisverkehr liegt westlich des Ortes an der Küstenstraße (D 98). | **Tipp** In den Kreisverkehr von Le Lavendou kann man von vier Seiten einfahren.

38__Das Fischbecken

Ein römisches Statussymbol

Die Römer haben ihre Spuren nicht nur in Fréjus und Nizza hinterlassen. Auch in zahlreichen kleineren Küstenorten sind Archäologen immer wieder auf römische Zeugnisse gestoßen, so wurden in Saint-Aygulf sowie Villepey bei Ausgrabungen die Grundmauern von römischen Villen und Thermen mit kostbaren Mosaiken gefunden. In Les Issambres, dessen Ortsname sich von dem römischen Sinus Sambracitanus ableitet, gibt es zudem ein kaum bekanntes Fischfangbecken aus galloromanischer Zeit.

Das nahe gelegene Fréjus gehörte als »Forum Julii« mit 40.000 Einwohnern zu den größten römischen Städten in Gallien. Daher war die Nachfrage nach frischem Fisch sicherlich groß und konnte von den Fischern wohl nicht immer zufriedenstellend gedeckt werden. In Les Issambres zeugen noch ein paar Unterwassermauern in der Bucht La Gaillarde von dem antiken Fischfangbecken (Vivier galloromain) – es handelt sich um das einzige erhaltene in ganz Frankreich! Ähnlich wie die Taubenhäuser im Zeitalter des Absolutismus diente der Betrieb eines Meerwasserbeckens einer elitären Oberschicht als Statussymbol.

Zwischen der Küste und einem nur wenige Meter entfernten Felsen nutzten die Römer die Meeresströmung aus, um auf einer Länge von 20 Metern und einer Breite von fünf bis zwölf Metern drei miteinander verbundene Becken anzulegen. Das komplexe System konnte in der Laichzeit im Frühjahr als eine Art Falle genutzt werden, wobei die Strömung und die Zufuhr des Meerwassers vermutlich durch Bronzeventile reguliert wurden. Die so gefangenen Meeräschen oder Seebarben wurden mit Brot und Essensresten gefüttert, sodass man jederzeit seinen Speisezettel durch Fisch ergänzen konnte. Wahrscheinlich gehörte das Becken zu einer römischen Villa in unmittelbarer Nachbarschaft. Bei Ausgrabungen wurde ein Mosaik gefunden, das einen zwischen zwei Dreizacken schwimmenden Delphin darstellt.

Adresse Küstenstraße in 83520 Les Issambres | **Anfahrt** Les Issambres liegt
10 Kilometer südlich von Fréjus direkt an der Küstenstraße (D 559). Ein Hinweis-
schild (»Vivier gallo-romain«) führt zum Fischbecken. | **Tipp** Die kleine Bucht
ist bis heute ein beliebter Angelplatz. Petri heil!

39 __ Die Traumburg

Das skurrile Märchenschloss eines Exzentrikers

Ich bau mir ein Schloss, so wie im Märchen. – Dies könnte der Lebenstraum von Henry Clews Jr. gewesen sein. Der 1876 geborene Clews war der Sohn eines reichen amerikanischen Börsenmaklers, doch statt für Aktien interessierte er sich einzig für die Kunst. Nach dem Ersten Weltkrieg zog er mit seiner Familie an die Côte d'Azur, wo er in La Napoule die Ruine einer aus dem 14. Jahrhundert stammenden Burg erwarb und sie nach seinen Vorstellungen restaurieren ließ.

Das Ergebnis war ein kleines Märchenschloss an den Gestaden des Mittelmeers. Da sich Henry Clews als Künstler verstand, griff er aktiv in die Restaurierungsarbeiten ein. Clews, der gerne in selbst kreierten Kostümen durch die Burg lief, verunstaltete nicht nur den gotischen Speisesaal mit eigenen Türentwürfen, sondern ließ die Balkendecke wie auch die Außenmauern mit pseudomittelalterlichen Kapitellentwürfen »verzieren«, eine eigene Basilika mit gemeißelten Sarkophagen für die Hausherren durfte auch nicht fehlen.

Henry fühlte sich als moderner Don Quichotte und nannte seinen Diener »Sancho«, er veranstaltete Teaparties für Hunde und gab einmal ein Dinner für den »Fürsten del Drago«, wobei sich der vornehme, in einen Abendanzug gekleidete Gast als echter Affe entpuppte. Während sich seine Frau Marie um die Gartenanlagen kümmerte, widmete sich Clews seinen Porträtbüsten und meist phallischen Plastiken, wobei er sich von mehreren Steinmetzen sowie einem Assistenten unterstützen ließ, der für die Nachbearbeitung und Feinmodellierung zuständig war.

Seine Witwe gründete 1951 eine Stiftung, die sich vor allem um die Förderung junger amerikanischer Künstler bemüht, die hier oft monatelang leben und arbeiten. Inzwischen sind auch Teile der Burg sowie der herrliche Garten für die Öffentlichkeit zugänglich. Im Sommer finden regelmäßig Kunstausstellungen sowie Theater- und Musikaufführungen statt.

Adresse Boulevard Henry Clews, 06210 Mandelieu-La Napoule, www.chateau-lanapoule.com | **Anfahrt** Mandelieu-La Napoule liegt 5 Kilometer westlich von Cannes direkt an der Küstenstraße (D 6098). | **Öffnungszeiten** täglich 10–18 Uhr; 8. Nov.–7. Feb. nur Sa und So 10–17 Uhr; März–Okt. täglich Führungen um 11.30, 14.30 und 16.30 Uhr | **Tipp** Badesachen mitbringen! Direkt vor dem Château gibt es einen Sandstrand, der auch für Kinder geeignet ist.

40 — Der Kriegsschauplatz

Ruinen mahnen an den Stellungskrieg

Das zum Mercantour-Nationalpark gehörende Massif de L'Authion ist eine weltabgeschiedene Gegend, karg und faszinierend zugleich. Das Gebirgsmassiv erstreckt sich knapp über der Baumgrenze auf einer Höhe von rund 2.000 Metern und fasziniert mit seiner einzigartigen Flora und Fauna. Nach der Schneeschmelze im Frühsommer gedeihen hier schützenswerte Pflanzenarten wie Enzian, Edelweiß oder Steinbrech, mit Glück bekommt man hier oben auch einen besonderen Einblick in die einzigartige Welt der Fauna: Seltene Bart- oder Lämmergeier ziehen über den Gipfeln ihre Kreise, aber auch Gämsen, Mufflons oder Steinböcke lassen sich beobachten. Besucher begeistern sich für die herrliche Fernsicht: Der Blick reicht weit über die Südalpen und den Mont Bégo bis zu Alpengipfeln, die schon jenseits der französischen Grenze liegen. Allerdings legen sich oft auch geheimnisvolle Nebelschleier über die Berggipfel.

Wer das Massif de L'Authion erkundet, merkt schnell, dass es hier nicht immer so beschaulich zugegangen ist. Spuren von Befestigungsanlagen, Bunker, verrostete Panzer und Häuserruinen erinnern daran, dass das Massiv aufgrund seiner strategisch wichtigen Lage wiederholt als Kriegsschauplatz gedient hat. Bereits im österreichisch-sardischen Krieg bekämpften sich 1793 und 1794 hier rund 30.000 Soldaten. Gegen Ende des Zweiten Weltkriegs hatten sich deutsche Truppen auf der Hochebene verschanzt und die vorhandenen Stellungen ausgebaut. Am 10. April 1945 begann ein französischer Angriff, der trotz heftiger Gegenwehr innerhalb von zwei Wochen erfolgreich beendet werden konnte. Die Schlacht, bei der 273 Soldaten getötet und 644 verletzt wurden, gehörte zu den letzten Kriegshandlungen auf französischem Territorium. Sehr eindrucksvoll ist eine Tour auf dem neun Kilometer langen Circuit de la découverte de l'Authion, der als Einbahnstraße nur in eine Richtung zu befahren ist.

Adresse Massif de l'Authion | **Anfahrt** Direkt am Col de Turini zweigt nach Norden hin eine kleine, kurvenreiche Straße (D 68) ab, die zum Massif de L'Authion führt. | **Tipp** Da der Rundkurs zahlreiche Schlaglöcher aufweist, empfiehlt es sich, die Strecke im Rahmen einer zwei- bis dreistündigen Wanderung oder mit dem Mountainbike zu erkunden.

41 __ Canyon du Mal Infernet
Die Schlucht der Pestkranken

Zwischen Cannes und Saint-Raphaël ist die Côte d'Azur am dünnsten besiedelt. Dies liegt nicht etwa an den hohen Grundstückspreisen, sondern an dem Massif de l'Estérel, einem uralten Gebirgsmassiv vulkanischen Ursprungs mit auffälligen roten Porphyrfelsen, dessen höchste Erhebung der Mont Vinaigre mit seinen 618 Metern markiert. Die Landschaft blieb bis in die Gegenwart weitgehend unbewohnt, denn der karge Boden ist für jegliche Kultivierung denkbar ungeeignet. Leider – andererseits auch zum Glück – befahren die meisten Touristen nur die Küstenstraße und suchen sich eine Bucht oder einen Felsen zum Baden.

Angesichts der spärlichen Vegetation ist es heute schwer vorstellbar, dass das gesamte Massiv einst von einem dichten Kork- und Steineichenwald überzogen war. Damals war der Gebirgszug als Rückzugsort von Räuberbanden und Wegelagerern berüchtigt, die immer wieder Postkutschen überfielen. Der bekannteste Anführer war ein gewisser Gaspard de Besse, der 1781 gefangen genommen und in Aix-en-Provence hingerichtet wurde. Zur Abschreckung nagelte man seinen Kopf an einen Baum, der direkt an der Hauptroute durch das Estérel-Gebirge stand.

Bedingt durch zahlreiche Waldbrände ist das Massiv heute hauptsächlich von dichten Macchiabüschen und -hecken überzogen. Vom Col de Belle Barbe kann man leicht entlang des Grenouillet-Flusses in Richtung Lac l'Ecureuil wandern. Allerdings ist dieser Stausee seit mehreren Jahren weitgehend ausgetrocknet. Auf der eineinhalbstündigen Wanderung kommt man durch den überraschend grünen Canyon du Mal Infernet, dessen Name daran erinnert, dass man im Mittelalter Pestkranke in die Schlucht geworfen haben soll. Wer will, kann vom Stausee noch in einer Stunde auf dem rot-weiß markierten Fernwanderweg hinauf zum Pic de l'Ours gehen. Der 492 Meter hohe Gipfel ist von auffälligen Signalmasten gekrönt und daher kaum zu verfehlen.

Adresse Massif de l'Estérel über 83530 Agay | **Anfahrt** Über die D 100. Wer von Agay kommt, erreicht nach etwa fünf Kilometern ein kleines Hinweisschild »Massif de l'Estérel«. Der Abzweigung folgt man für etwa 2 Kilometer, dann stößt man am Fuß des Col de Belle Barbe linker Hand auf einen kleinen Parkplatz. | **Tipp** Keine Einkehrmöglichkeit, ausreichend Getränke und Proviant mitführen! In Agay gibt es eine tolle Badebucht.

42 Die Freitreppe

Eine monumentale Filmkulisse

Wer am Hafen oder Strand von Menton steht, dem zeigt sich die Stadt von ihrer Schokoladenseite. Die pastellfarbenen Häuser stapeln sich den Hügel hinauf, gekrönt wird das Szenario von der mächtigen Basilika Saint-Michel. Die Häuserfront am Quai Bonaparte riegelt die Altstadt ab, nur an einer Stelle wird sie von einer monumentalen Freitreppe durchbrochen. Diese herrliche, mit Kieselsteinen gepflasterte Treppe wurde errichtet, um den Höhenunterschied zwischen der Plage des Sablettes und dem Kirchenvorplatz auszugleichen. Wie eine Rampe führt sie hinauf zum Parvis de St-Michel.

Die pittoreske Freitreppe diente übrigens schon mehrfach als Kulisse für Modeaufnahmen und für Kinoproduktionen, so beispielsweise für einen James-Bond-Film. In »Sag niemals nie« rast Sean Connery in einer Verfolgungsjagd auf dem Motorrad an der Basilika vorbei, wobei die Treppe gut zu erkennen ist. Und Oscar-Preisträgerin Nicole Kidman kann man in »Grace of Monaco« bewundern, wie sie stilvoll mit Kopftuch und Sonnenbrille hinaufsteigt.

Oben angekommen, steht man auf dem Vorplatz der Basilika Saint-Michel. Ein überdimensionales Wappen der Grimaldis ziert in Form eines Mosaiks den einer italienischen Piazza ähnelnden Platz und erinnert noch heute daran, dass Menton – wie auch das benachbarte Roquebrune – jahrhundertelang zum Fürstentum Monaco gehörte.

Von dem Kirchenvorplatz hat man einen herrlichen Ausblick auf die Küste bis hinüber nach Italien. Die ockerfarbene Kathedrale ist ein mächtiger dreischiffiger Barockbau, an dessen Formensprache sich noch deutlich italienische Einflüsse ausmachen lassen. Der mit Stuck und Fresken geschmückte Innenraum entspricht mit seiner perspektivischen Malerei dem Zeitgeist. Vom mittelalterlichen Vorgängerbau zeugt nur noch der kleinere der beiden Glockentürme, der größere ist in Stockwerke gegliedert wie ein italienischer Campanile.

Adresse Quai Bonaparte, 06500 Menton | **Anfahrt** Direkt am östlichen Altstadtrand gelegen. | **Tipp** In der ersten Augusthälfte findet in Menton das Internationale Kammermusikfestival (Festival de Musique) mit stimmungsvollen Abendkonzerten vor der Église Saint-Michel statt (www.musique-menton.fr).

43_Jardin Fontana Rosa
Der Garten der Poeten

Menton ist die Stadt der Gärten. Kein anderer Ort an der französischen und italienischen Riviera wird vom Klima mehr verwöhnt als das durch die Ausläufer der Seealpen vor Kälte und Wind geschützte Menton. Daher gedeihen in den rund zwei Dutzend botanischen Gärten der Stadt auch zahllose exotische Pflanzen.

Die meisten Gärten Mentons, aber auch zahlreiche repräsentative Villen aus der Belle Epoque, sind im Vorort Garavan zu finden, so beispielsweise der Jardin de la Villa Marina Serena oder der Jardin exotique du Val Rahmeh mit seinem tropischen Pflanzenbewuchs. Zu den ungewöhnlichsten Gärten im Viertel gehört sicherlich der Jardin Fontana Rosa. Er ist nicht nur ein Garten, sondern gewissermaßen ein poetisches Vermächtnis. Als der spanische Schriftsteller Vicente Blasco Ibañez (1867–1928) im Jahre 1922 auf der Flucht vor der spanischen Militärdiktatur im französischen Menton Zuflucht fand, ließ er sich eine prunkvolle Villa errichten, die von einem Garten im andalusisch-arabischen Stil umrahmt wurde. Die Villa musste 1985 wegen Baufälligkeit leider abgerissen werden, aber der zugehörige Garten blieb erhalten und gewährt glücklicherweise noch einen ganz guten Eindruck vom einstigen Erscheinungsbild.

Schon am farbenfrohen Eingangsportal zu diesem Schriftstellergarten leuchten die Keramikporträts von Dickens, Balzac und Cervantes. In dem wie ein Lesesalon angelegten Garten öffnet sich eine eigene poetische Welt. Man könnte fast meinen, Ibañez schuf ihn nur, um seinen Lieblingsschriftstellern zu huldigen. Seinem Hausheiligen Cervantes wurde gar ein tempelartiges Szenario in Form eines Halbkreises gewidmet. Wer zwischen den mit Keramiken verzierten Bänken, Säulen, Pergolen und Becken wandelt, kann immer wieder Anspielungen auf die von Ibañez verehrten und im Garten verewigten Autoren entdecken, allen voran Zola, Flaubert, Hugo, Tolstoi, Dostojewski und Poe.

Adresse Avenue Blasco Ibañez, 06500 Menton | **Anfahrt** 1 Kilometer östlich der Altstadt, von der Porte de France nach Norden abzweigend. | **Öffnungszeiten** Führungen Mo und Fr um 10 Uhr | **Tipp** Der ebenfalls im Osten Mentons gelegene Olivenhain Parc du Pian ist der einzige Park Mentons, der von dem für die Vegetation des Mittelmeerraums typischen Olivenbaum geprägt ist. Im Sommer finden hier häufig stimmungsvolle Konzerte statt.

44__Jardin Serre de la Madone
Englische Gartenträume

Der Engländer Sir Lawrence Johnston (1871–1958) war ein enthusiastischer Gartenliebhaber. Johnstons in der Grafschaft Gloucestershire angelegter Hidcote Manor Garden gilt mit seinen Sichtachsen und seinen kunstvoll geschnittenen Pflanzen und Staudenbeeten als einer der schönsten englischen Gärten des 20. Jahrhunderts. Nachdem die Anlage dieses Gartens weitgehend abgeschlossen war, erwarb Johnston 1924 im südfranzösischen Menton ein Hanggrundstück im Gorbiotal. Johnston nutzte das einzigartige Mikroklima, um sich mit dem Jardin Serre de la Madone ein weiteres Gartendenkmal zu setzen.

Das Gelände, auf dem früher Wein und Oliven angebaut worden waren, wurde von Johnston geschickt umgestaltet, indem er jede der 22 Terrassen als eigenen Gartenraum konzipierte. Über eine breite Steintreppe gelangt man hinauf zu einer viktorianischen Villa. Auf dem insgesamt sieben Hektar großen Areal wandelt man unter schattigen Bäumen und Pergolen, dazwischen gedeihen exotische Pflanzen wie Trompetenblumen oder ein Feigenbaum (Ficus roxburghii) mit nicht zum Verzehr geeigneten Früchten.

Jede Jahreszeit taucht den Garten in ein anderes Farbenspiel. Springbrunnen, Statuen oder kunstvoll verzierte Steinbänke dienen als Blickpunkte und lockern das Szenario auf. Ein von Zypressen und Pinien eingerahmter Wassergarten ist das zentrale Element der Anlage – ein träumerisches Szenario mit blühenden Seerosen, in den Wasserbecken spiegeln sich eine Marienstatue und die Orangerie.

Nach Johnstons Tod verfiel der Garten zunehmend, doch gelang es der Stadt Menton 1990, La Serre de la Madone als erste Gartenanlage in Frankreich unter Denkmalschutz zu stellen und dadurch dem Zugriff der Immobilienspekulanten zu entziehen. Schließlich wurde das Areal 1999 vom staatlichen Conservatoire du Littoral erworben und behutsam restauriert.

Adresse 74, Route de Gorbio, 06500 Menton, www.serredelamadone.com | **Anfahrt** Im Nordwesten der Stadt, an der Straße nach Gorbio (D 23) gelegen. | **Öffnungszeiten** Di–So April–Okt. 10–18 Uhr; Dez.–März 10–17 Uhr; Nov. geschlossen | **Tipp** Wer Französisch kann, sollte unbedingt an einer Gartenführung teilnehmen, die um 15 Uhr stattfindet. Das Musée des Beaux-Arts du Palais Carnolès in der Avenue de la Madone 3 präsentiert klassische Malerei (Okt.–März Mi–Mo 10–12 und 14–18 Uhr, April–Sept. 10–13 und 14–18 Uhr).

45__Die Kunstbastion

oder: Jean Cocteau verschönert die Stadt

Jean Cocteau hatte ein besonderes Verhältnis zu Menton. Bereits 1957 wurde er vom damaligem Bürgermeister Francis Palmero ermuntert, den Hochzeitssaal im Rathaus nach seinen Vorstellungen zu gestalten. Der Malerpoet ließ sich nicht lange bitten und entwarf eine Alternative zu dem so kargen wie tristen Flair der französischen Standesämter. Als Motive wählte Cocteau eine allegorische Hochzeitsszene mit Anspielungen auf Orpheus und Eurydike, wobei die Stirnseite von einem jungen Paar dominiert wird, das nur Augen für sich selbst zu haben scheint. Und über allem reitet der Dichter auf dem Pegasus.

Cocteaus Hochzeitssaal erwies sich als geschickter Marketingschachzug, um das Image der als bieder geltenden Zitronenstadt aufzupeppen – bis heute gehört er zu den beliebtesten Sehenswürdigkeiten von Menton. Die Salle des Mariages ist ein faszinierendes Gesamtkunstwerk; es gibt in Frankreich wohl kaum einen schöneren Rahmen für eine Trauung, denn Jean Cocteau hat sogar die Beleuchtung und das Mobiliar bis hin zu den Spiegeln am Eingang ausgewählt. Nicht nur französische Paare geben sich hier das Jawort, sogar aus Japan reisen jedes Jahr rund 20 Touristen an, um vor dem einzigartigen Fresken-Szenario den Ehebund zu bestätigen.

Während seiner Malarbeiten im Hochzeitssaal unternahm Jean Cocteau zahlreiche Spaziergänge durch Menton (er rühmte die Altstadthäuser als »erlesene kleine Festungen in Pastellfarben, deren asymmetrisches Äußeres an dasjenige eines menschlichen Gesichtes erinnert«), dabei entdeckte er eine leer stehende Hafenbastion, die ihm von der Stadt Menton gerne zur freien Gestaltung überlassen wurde. Mit eigens entworfenen Wandmosaiken, Keramiken, Zeichnungen und Bildteppichen verwandelte Cocteau die Bastion in ein ganz persönliches Museum, das bis heute von seiner Aura erfüllt ist. »Je reste avec vous« steht unter einem Relief mit seinem Konterfei.

Adresse Quai Napoléon III., 06500 Menton | **Anfahrt** Direkt an der Hafenbastion gelegen. | **Öffnungszeiten** Okt.–April Mo, Mi–So 10–12 und 14–18 Uhr, Mai–Sept. bis 19 Uhr | **Tipp** Im Herbst 2011 eröffnete mit dem futuristischen Musée Jean Cocteau (Collection Séverin Wunderman) ein weiteres Cocteau-Museum in Menton. Ausgestellt sind mehr als 1.500 Objekte (Sept.–Juni Mo, Mi–So 10–18 Uhr; Juli und Aug. 10–22 Uhr, www.museecocteaumenton.fr).

46 — Der Touristenfriedhof

Menton sehen und sterben

Menton galt im 19. Jahrhundert wie die restliche Côte d'Azur als ein idealer Ort, um den Winter im milden Klima zu verbringen und dabei die eigenen Krankheiten auszukurieren. Der Schweizer Kulturhistoriker Jakob Burckhardt bemerkte 1881 süffisant über diese Hivernants: »Was die Riviera betrifft, so müsste dieselbe, wenn die jetzigen Zeiten des Luxus fortdauern, in wenigen Jahren nichts als ein einziges Hotel werden, wo das ganze reiche und kränkelnde Europa den Winter zubrächte. Sobald das Meer ruhig wäre, würde man nichts mehr als Husten hören.«

Das Sanatorium beherbergte eine morbide Gesellschaft, deren Reihen sich in zugigen Winterwochen gleich reihenweise lichteten, denn für viele Gäste hatte die hohe Luftfeuchtigkeit im sonnigen Süden fatale gesundheitliche Folgen. Auf den Friedhöfen von Nizza, Menton und Cannes finden sich noch heute zahlreiche Namen von russischen Adeligen und englischen Offizieren. Oder um mit Guy de Maupassant zu sprechen: »Wie sehr muss dieser entzückende und zugleich furchtbare Landstrich bloß in allen Ecken der Welt verwunschen werden, das einparfümierte, süße Vorzimmer des Todes.«

Der 1807 rund um eine Burgruine errichtete Cimetière du Vieux Château von Menton erinnert eindrucksvoll an jene Epoche, als hier zahlreiche Nordeuropäer ihre letzte Ruhestätte fanden. Über vier Terrassen verteilt – für jede Konfession eine – finden sich die prächtigen Grabmäler von zahlreichen ausländischen Dauergästen, darunter polnische Fürsten wie Pierre Troubetzkoy, deutsche Adelige wie Hermann von Lüdendorff oder Reverend William Webb Ellis, der als Erfinder des Rugby-Sports gilt. Eine wahrhaft würdevolle Ruhestätte: Schon Gustave Flaubert hatte auf seiner Reise nach Italien von der einzigartigen Lage und dem Flair des Friedhofs geschwärmt, der in exponierter Lage über der Stadt und dem Meer schwebt; der Blick reicht bis zum alten Hafen und der Bucht von Garavan.

Adresse Rue du Vieux Château, 06500 Menton | **Anfahrt** Der Cimetière du Vieux Château liegt oberhalb des Ortes am Montée du Souvenir. | **Öffnungszeiten** täglich 7–20 Uhr, in den Wintermonaten bis 18 Uhr | **Tipp** Die schmale Rue Longue, die von der Altstadt zum Friedhof hinaufführt, ist eine der stimmungsvollsten Straßen der Stadt.

47___Die Église Sainte-Dévote

Wenn Fischerboote stranden

Tag für Tag ergießen sich ganze Touristenströme über Monaco. Bus für Bus, Kreuzfahrtschiff für Kreuzfahrtschiff erobern sie das Fürstentum. Es geht hinauf in die Altstadt zum Fürstenpalast, zum Ozeanischen Museum und zur Cathédrale Notre-Dame, dann ins Spielcasino und zum exotischen Garten. Nur das Kirchlein Sainte-Dévote beachtet niemand, denn die kleine, der heiligen Dévote geweihte Kirche steht abseits der Hauptattraktionen im Vallon des Gaumates, und kaum ein Tourist weiß, dass dort die Reliquien der Schutzheiligen von Monaco aufbewahrt werden. Selbst bekannte Kultur- und Kunstreiseführer über Monaco kennen weder die Heilige noch die Kirche. Sainte-Dévote ist gewissermaßen ein Geheimtipp!

Der christlichen Legende zufolge war Dévote aufgrund ihres Glaubens, dem sie nicht abschwören wollte, in Korsika zu Tode gefoltert worden. Die Christen bemächtigten sich ihres Leichnams, um ihn nach Afrika zu bringen, doch während der Überfahrt kam ein Sturm auf. Da stieg aus Dévotes Mund eine Taube auf, die das Fischerboot führte, sodass es schließlich an der Küste Monacos strandete … (Ketzerische Frage: Hat eigentlich einmal jemand gezählt, wie viele Heilige zufälligerweise an irgendeiner Küste des Mittelmeers gestrandet sind? Es müssen Dutzende, wenn nicht gar Hunderte sein.) Nun, just an jener Stelle, wo besagtes Fischerboot strandete, errichtete man eine kleine Kapelle, die später mehrfach umgebaut wurde. Die heutige Kirche stammt erst aus dem Jahr 1870.

Monaco ist übrigens, Glücksspiel hin, Glücksspiel her, ein zutiefst religiöses Land, sodass Sainte-Dévote noch immer als Schutzpatronin des Landes verehrt wird. Traditionell legt übrigens die Braut des Fürsten von Monaco ihr Brautbouquet nach der Hochzeitszeremonie in der Kirche Sainte-Dévote nieder – dies hat Grace Kelly 1956 ebenso getan wie Charlène Wittstock im Juli 2011.

Adresse Place Sainte-Dévote, 98000 Monaco, www.diocese.mc | **Anfahrt** Direkt an der Küstenstraße am nördlichen Ende des Port Hercule gelegen. | **Öffnungszeiten** täglich 8–18 Uhr | **Tipp** Am frühen Abend des 26. Januar versammeln sich die Gläubigen am Hafenquai, wo ein Boot verbrannt wird, bevor anschließend die Reliquien der heiligen Dévote in einer feierlichen Prozession zur Kirche geleitet werden.

48_Die Rolltreppe
Monacos spezieller Nahverkehr

Wer denkt, das Fürstentum Monaco sei ein feudaler Stadtstaat, der in seinen verkrusteten Strukturen verharrt, der irrt. Das Fürstentum ist in permanenter Bewegung, es geht auf und ab, hoch und runter. Die Rede ist hier aber nicht von den Aktienkursen oder Wohnungspreisen (die gehen nur nach oben), gemeint sind die Aufzüge und Rolltreppen, ohne die man sich im Fürstentum nicht weit fortbewegen kann.

Im Zwergstaat herrscht permanente Raumnot, denn mit rund 18.000 Einwohnern pro Quadratkilometer weist Monaco die weltweit höchste Bevölkerungsdichte auf, selbst der Bahnhof wurde vollkommen unter die Erde verlegt. Gerade einmal zwei Quadratkilometer ist das Fürstentum groß, zudem liegt es an den Ausläufern der Seealpen, sodass sich das Hochhäusermeer einen steilen Hang emporzieht. Um die teilweise beachtlichen Höhenunterschiede zu überwinden, gibt es zahlreiche öffentliche Aufzüge und Rolltreppen. Sie stellen eine wichtige Verbindung zwischen den einzelnen Stadtteilen dar, doch verwirren sie mit ihrem unübersichtlichen Verlauf fremde Besucher oft heillos. Nun, es existiert auch ein gutes innerstädtisches – oder besser: innerstaatliches – Bussystem, aber an den Aufzügen und Rolltreppen kommt man bei der Erkundung des Fürstentums nicht vorbei.

Während die Rolltreppen den großen Vorteil haben, dass man das Reiseziel gewissermaßen vor Augen hat, so sind die Aufzüge für den Fremden ein wahres Mysterium. Immer wieder öffnen sich geheimnisvolle Eingänge, die Menschen magisch ansaugen oder ausspucken. Die kryptischen Beschriftungen sind nur für Eingeweihte bestimmt. Es gibt sogar Aufzüge, die ihren Fahrgast wissen lassen: »Laissez le doigt appuyé pendant la durée de la course.« Das bedeutet, man muss den Knopf mit dem Daumen so lange gedrückt halten, bis das Ziel erreicht ist. Glücklicherweise öffnen sich die Türen, kurz bevor man einen Krampf im Finger bekommt …

Adresse Place du Canton, 98000 Monaco | **Anfahrt** Direkt unterhalb des Burgfelsens beim Jardin Animalier gelegen. | **Tipp** Panoramareich ist auch eine Fahrt mit dem solarbetriebenen Bateau Bus, der täglich von 8–20 Uhr am Hafen hin- und herpendelt.

49___Das Stade Louis II
Verstecktes Fußballglück

Wer die legendären Fußballstadien dieser Welt wie das Old Trafford in Manchester oder das Stade de France in Paris kennt, wird sich wundern, wo sich denn im Fürstentum das Stadion des AS Monaco versteckt? Auf der Homepage erfährt man, dass es sich in Fontvieille befindet, also jenem künstlich aufgeschütteten Stadtteil, den man vor ein paar Jahrzehnten unter großen Mühen dem Meer abgetrotzt hat, um das Staatsgebiet des Fürstentums um gerade einmal 30 Hektar zu vergrößern.

Wer dann unterhalb der Altstadt von Monaco durch die Straßen bummelt, entdeckt ein modernes Wohngebiet und ein Einkaufszentrum, nur das Stade Louis II ist nicht in Sicht. Keine Spur von einer glänzenden Arena wie in München. Man befürchtet schon, das Stadion wäre wie der Bahnhof unter die Erde verlegt worden, doch dann steht man auf einmal vor einer geradezu langweiligen Betonfassade, die eher einem Multiplexkino oder Parkhaus ähnelt. Letztere Annahme ist gar nicht verkehrt, denn das Stadion mit seinen 18.523 Sitzplätzen – Stehplätze wären in Monaco so deplatziert wie Hooligans – wurde direkt über einem vierstöckigen Parkhaus errichtet.

Seit 1985 trägt der AS Monaco seine Heimspiele im Stade Louis II aus. Da verständlicherweise keine monegassische Fußballliga existiert, darf der Fußballclub am französischen Ligabetrieb teilnehmen, zudem ist er Mitglied im Französischen Fußballverband und hat eine beachtliche Liste von Erfolgen vorzuweisen: Der AS Monaco wurde mehrfacher französischer Meister und Pokalsieger und hat zahlreiche internationale Wettbewerbe bestritten. In der Mannschaft des monegassischen Clubs spielten schon Stars wie David Trezeguet, Thierry Henry, Fabien Barthez und Jürgen Klinsmann. Nach einem zweijährigen Zwischenspiel in der Zweiten Liga hofft der AS Monaco seit 2013, wieder an seine alten Erfolge anknüpfen zu können.

Adresse 7, Avenue des Castelans, 98000 Monaco | **Anfahrt** Westlich des Burgfelsens gelegen. | **Öffnungszeiten** französische und englische Führungen jeweils Mo, Di, Do und Fr 10.30, 11.30, 14.30, 16 und 17 Uhr | **Tipp** Tickets für die Spiele können auf der Vereinshomepage bestellt werden (www.asm-fc.com). Da das Stadion nur selten ausverkauft ist, kann man sie auch noch am Spieltag an der Tageskasse erwerben.

50__ Notre Dame de la Menour

Frankreichs »chinesische Mauer«

Alljährlich im Januar geht es hoch her im Hinterland der Côte d'Azur. Bei der legendären Rallye Monte Carlo stellen die oft verschneiten Gebirgsstraßen eine echte Herausforderung für die Fahrer dar. Die berühmteste Wertungsprüfung führt in engen Haarnadelkurven hinauf zum 1.607 Meter hoch gelegenen Col de Turini, in der »Nacht der langen Messer« wird hier als Abschlussetappe oft die Entscheidung über Sieg und Niederlage ausgetragen.

Zwar ist die Geschwindigkeit auf dieser Etappe relativ niedrig, da sich Kehre an Kehre reiht, aber man darf sicher sein, dass die Fahrer keinen Blick für die am Wegesrand gelegene Chapelle Notre Dame de la Menour übrig haben. Ein Fehler, denn die Kapelle mit ihrer gelben Renaissancefassade gilt als das wohl am schönsten gelegene Gotteshaus der Seealpen. Eine malerische von mehreren Rundbögen gestützte Brücke führt über die Straße, auf moosbewachsenen Stufen geht es zur Kapelle empor, die auf einem kleinen Bergkegel thront. Notre Dame de la Menour ist eigentlich ein romanischer Bau, doch wurde diesem im 16. Jahrhundert eine »moderne« Fassade vorgeblendet.

Das Szenario mit der lang gestreckten Brücke wirkt sehr weltentrückt und erinnert an einen Abschnitt der chinesischen Mauer. Es gibt kaum Touristen, die die Kirche besuchen, so ist es ein erhabenes Erlebnis, auf dem einsamen Weg hinüberzuschreiten. Leider ist die Kapelle fast immer verschlossen, aber der Blick über die Schluchten des Piaon und die für ihre Steinpilze bekannten Wälder ist beeindruckend. Wenn möglich, sollte man in den Abendstunden hierherkommen, denn dann leuchtet die Fassade geradezu im milden Licht.

Nur dreimal im Jahr ist es mit der Ruhe vorbei: An Ostern, Pfingsten und am 8. September pilgern die Einwohner des nahen Dorfes Moulinet zu einer Messe, die in der Kapelle abgehalten wird, und die Brücke und der Vorplatz füllen sich mit Leben.

Adresse 06086 Moulinet | **Anfahrt** 10 Kilometer nördlich von Sospel, die Kirche steht neben der nach Moulinet führenden D 2566, ein kleiner Parkplatz befindet sich direkt an der Landstraße. | **Tipp** Moulinet besitzt einen schönen schattigen Dorfplatz, wo auch das Restaurant »Le Grain de Sel« zu finden ist. Als Spezialität des Hauses gilt das Cassolette mit Steinpilzravioli (www.resto-graindesel.fr).

51__ Chez Palmyre

Küchentradition à la niçoise

Die Altstadt ist der Bauch von Nizza. Im Labyrinth der Altstadt-gassen, die nur ein kleines Dreieck zwischen dem Burgberg, der Uferpromenade und den Parkanlagen des Paillon-Flusses einneh-men, duftet es nach frisch gebackener Socca. An verschiedenen Ständen werden die wagenradgroßen Fladen zubereitet, die übri-gens hauptsächlich aus Kichererbsenmehl bestehen. Dieses Fast Food à la niçoise ist ein ebenso günstiger wie schmackhafter Magenfüller!

Doch es gibt in der Altstadt auch noch zahlreiche Restaurants, die eine so authentische wie bodenständige Kost zu bieten wissen. Ein Klassiker ist das Chez Palmyre. Das Lokal, das im Jahr 1926 von der namensgebenden Palmyre Moni eröffnet wurde, begeistert bis heute mit seiner einfachen Wohnzimmeratmosphäre, einem domi-nierenden Tresen und unverputzten Ziegelsteinmauern. Ursprüng-lich war das Restaurant ein typischer Familienbetrieb, der Tag für Tag eine kleine Auswahl an marktfrischen Produkten zu günstigen Preisen anbot. Palmyre und ihre Tochter Suzanne nahmen die Be-stellung auf und werkelten in der kleinen, nur durch einen Vorhang abgetrennten Küche, zudem gab es noch einen Ehemann, der wie ein Patron hinter dem Tresen thronte, ab und zu den Telefonhörer abnahm, aber ansonsten nicht den Eindruck erweckte, sich auch nur ansatzweise zu überarbeiten.

Im Jahre 2010 erfolgte dann ein Besitzerwechsel. Suzanne muss-te das Familienlokal aus Altersgründen abgeben, doch die neuen Eigentümer Vincent Verneveaux (Küche) und Philippe Terranova (Service) haben es nicht nur vermocht, das Chez Palmyre in traditi-oneller Weise weiterzuführen, sie haben das Konzept auch ein we-nig verfeinert. Mit viel Herzlichkeit wird solide Hausmannskost serviert, die günstig, aber nicht ohne Raffinesse ist. Egal, ob beim Stockfischpüree, beim Sardinenrillette mit Auberginenkaviar oder einem warmen Kartoffelsalat mit Entenconfit – hier wird man nicht enttäuscht!

Adresse 5, Rue Droite, 06000 Nice, Tel. 0033/(0)493857232 | **ÖPNV** Tramway Cathédrale Vieille Ville | **Öffnungszeiten** Mo–Fr mittags wie auch abends geöffnet, am besten rechtzeitig reservieren | **Tipp** Das Acchiardo, Rue Droite 38, ist ein weiteres bodenständiges Lokal in der Altstadt (Mo–Fr geöffnet; im Aug. Betriebsferien, Tel. 0033/(0)493855116).

52__Climatisation Naturelle
Eine Klimaanlage mit perfekter Ökobilanz

Die Sommer an der Côte d'Azur sind heiß, an manchen Tagen legt sich eine brütende Hitze über die Stadt, die das Leben schwer macht und alle Aktivitäten lähmen kann. Vor allem die Dächer und die oberen Stockwerke heizen sich dann so sehr auf, dass sie fast unbewohnbar sind. Glücklich, wer dann eine Klimaanlage besitzt.

Vor ein paar Jahrhunderten konnte man nicht so einfach eine Klimaanlage einschalten, doch die Baumeister von einst waren kreativ und lösten das Problem, indem sie sich der Physik und der Gesetze des Temperaturaustausches bedienten. Wer mit offenen Augen durch die Altstadt von Nizza spaziert, kann noch zahlreiche sogenannte Clairoirs entdecken: Es handelt sich um gerundete Öffnungen, die direkt über der Haustür angebracht sind. Manchmal wurden sie ins steinerne Portal integriert, manchmal darüber eingefügt, teilweise sind sie mit schmiedeeisernen Gittern verziert.

Diese Clairoirs sind nicht nur ein architektonisches Gestaltungselement, sondern werden auch als »Climatisation Naturelle« bezeichnet und funktionieren wie ein überdimensionaler Kamin. Da die engen Gassen der Altstadt meist im Schatten liegen, sind die Temperaturen dort um einige Grad kühler als in den höheren Stockwerken der umliegenden Häuser. Dieser Unterschied reicht aus, um die Luftmassen in Bewegung zu bringen, weshalb die in den Gassen aufgehängte Wäsche sehr schnell trocknet.

Zusammen mit anderen architektonischen Elementen wie den typischen Nizzaer Fensterläden mit ihren zur Gasse hin angelehnten Klappen nutzen die Clairoirs diesen Effekt, indem sie die kalte Luft ansaugen und diese über den Flur und den schmalen Innenhof sowie das Treppenhaus nach oben befördern, wodurch das Gebäude gekühlt wird. Oben auf dem Dach kann die Luft dann wieder durch eine spezielle Luke entweichen.

Rund 60 dieser Türöffnungen kann man heute noch in der Altstadt entdecken.

Adresse 06000 Nice | ÖPNV Tramway Cathédrale Vieille Ville | Tipp Das älteste dieser Clairoirs stammt aus dem Jahr 1485 und befindet sich in der Rue de la Condamine, Hausnummer 13.

53__Die Eisdiele

Gefrorene Träume

Fenocchio ist keine Eisdiele, denn Francis Fenocchio ist ein »Maître Glacier«, wie auf der Markise und an der Fassade nicht ohne Stolz geschrieben steht. Zudem künden lange Schlangen, die sich im Sommer vor dem Geschäft bilden, von der Beliebtheit der Eiskreationen, die in einem weißen Becher mit rosa Fenocchio-Schriftzug verkauft werden.

Die Kunst des Eismachens wurde bekanntlich in Italien erfunden. Welch Glück, dass Nizza bis 1860 zum italienischen Nachbarstaat gehörte, so gibt es gleich mehrere gute Eisdielen in der Stadt an der Engelsbucht, allen voran Fenocchio. Der Familienbetrieb ist die bekannteste und beste Eisdiele von Nizza. Seit 1966 verkauft Fenocchio in der Altstadt seine Kreationen, wobei sich sein Ruf auf die große Vielfalt und die ungewöhnlichen Geschmacksrichtungen gründet.

Im Angebot sind knapp 100 kühle Erfrischungen, darunter auch so ungewöhnliche Sorten wie Olive, Lavendel, Ingwer oder Avocado. Wer will, kann seine Lust auf ein kühles Blondes auch mit einer Eiskugel mit Bier-Geschmack stillen, von der man garantiert nicht betrunken wird. Aber keine Sorge: Es gibt auch die Klassiker Vanille, Schokolade oder Pistazie.

Produziert wird das Eis inzwischen nicht mehr im Laden, sondern in einer eigenen kleinen Fabrik, die sich im Vorort La Gaude befindet. Auf der Basis erstklassiger Zutaten, die meist von lokalen Lieferanten stammen, werden dort nicht nur Eiscremes, sondern auch rund 35 Sorbets, zum Beispiel mit Rosmarin oder Tomate-Basilikum, produziert. Oder doch lieber etwas fruchtiger mit Mandarine oder lila Feige? Hinzu kommt noch ein Dutzend Eistorten, darunter so delikate Kreationen wie »Comté de Nice« auf der Basis von Pinienkernen und kandierten Mandarinen, die kulinarisch an die alte Grafschaft Nizza erinnern will. Keine Frage: Fenocchio ist keine Eisdiele, sondern eine Institution.

Adresse 2, Place Rossetti, 06300 Nice. www.fenocchio.fr | **ÖPNV** Tramway Cathédrale Vieille Ville | **Öffnungszeiten** März–Nov. täglich 9–24 Uhr | **Tipp** Es gibt in der Altstadt noch eine Filiale in der Rue de la Poissonerie, Hausnummer 6.

54__Die Gare du Sud

Der fast abgerissene Bahnhof des Train des Pignes

»Spieglein, Spieglein an der Wand: Sag mir, wer ist der schönste Bahnhof in der ganzen Stadt?« Keine Frage, der Hauptbahnhof von Nizza könnte diese Auszeichnung für sich beanspruchen, schließlich ist er der älteste und bedeutendste Bahnhof der Stadt. Und keine Frage: Das mächtige, breit gelagerte Gebäude mit seinem zentralen Pavillon ist ein imposantes Beispiel für die Bahnhofsarchitektur des 19. Jahrhunderts; doch da gibt es noch einen Mitbewerber um die Schönheitskrone.

Ein paar hundert Meter nördlich steht ein weiteres schmuckes Bahnhofsgebäude, das beinahe der Abrissbirne zum Opfer gefallen wäre. Die Gare du Sud wurde 1892 von dem Architekten Prosper Bobin im neoklassizistischen Stil errichtet und stammt aus einer Epoche, in der es noch mehrere konkurrierende Eisenbahngesellschaften gab. Während der Hauptbahnhof die Linie von Marseille nach Italien bediente, gab es mit den Chemins de Fer du Sud de la France noch eine Gesellschaft, die beispielsweise Linien nach Draguignan sowie nach Dignes-les-Bains unterhielt. Da diese Verbindungen durch meist sehr bergiges Gelände führten, waren die Züge als Schmalspurbahn konzipiert und nicht mit den anderen Linien kompatibel.

Nach dem Zweiten Weltkrieg geriet die Bahngesellschaft in finanzielle Schwierigkeiten, und alle Linien wurden eingestellt, einzig der berühmte Train des Pignes, der durch die Seealpen bis nach Dignes-les-Bains verkehrt, blieb in Betrieb. Der imposante Bahnhof mit seiner Abfertigungshalle und der rückwärtigen Metallkonstruktion verfiel immer mehr und wurde 1991 durch einen kleinen Ausweichbahnhof ersetzt, der problemlos als hässlichster Bahnhof von Nizza bezeichnet werden kann. Dank zahlreicher Bürgerproteste nahm man von den Abrissplänen Abstand und entschied sich für eine Renovierung des Gebäudes. Seit Dezember 2013 erstrahlt die Gare du Sud in neuem Glanz und beherbergt eine Mediathek.

Adresse Avenue Malausséna, 06000 Nice | **ÖPNV** Tramway Libération | **Tipp**
Lohnend ist eine Fahrt mit dem auch als Pinienzapfenzug bezeichneten Train des
Pignes nach Digne-les-Bains. Eine Fahrt auf der 151 Kilometer langen Strecke
dauert drei Stunden (www.trainprovence.com).

55__Das Garibaldi-Denkmal
Italien so nah und doch so fern

Nizza – das ist die Stadt von Giuseppe Garibaldi. Der berühmte Freiheitskämpfer, der sich wie kein anderer um die Einheit Italiens verdient gemach hat, wurde hier am 4. Juli 1807 als Sohn eines Schiffkapitäns geboren. In Nizza wurde damals italienisch gesprochen, denn die Stadt an der Engelsbucht gehörte seit Jahrhunderten zu Savoyen beziehungsweise zum Piemont. Noch heute spiegelt sich diese italienische Vergangenheit in den Häusern und Fassaden der Altstadt wider.

Garibaldi liebte seine Heimatstadt, die er als »eine der schönsten Gegenden in diesem meinem unglücklichen und doch strahlenden Vaterland« rühmte, von ganzem Herzen, doch noch mehr liebte er Italien, dessen Einheit er herbeisehnte. Mehrfach war Garibaldi an Aufständen und Revolutionen beteiligt, weswegen er viele Jahre im außereuropäischen Exil verbringen musste. Sein Ziel war die nationale Einheit des in viele Fürstentümer und Königreiche zersplitterten Landes. Mit seinen legendären Rothemden landete er 1860 in Marsala und wurde durch die Eroberung Siziliens zum Wegbereiter für den italienischen Nationalstaat. Ironie des Schicksals: Gewissermaßen als Preis für die Verwirklichung von Garibaldis Einheitstraum musste das italienische Königreich Sardinien-Piemont die Grafschaft Nizza an Frankreich abtreten. Mit der Abtretung »bedankte« sich der 1861 neu geschaffene italienische Einheitsstaat für die französische Unterstützung im Kampf gegen Österreich, wodurch Italien wiederum um die Lombardei erweitert wurde.

In Nizza hat man Giuseppe Garibaldi dennoch nicht vergessen: Noch zu Lebzeiten wurde ein Platz am Rande der Altstadt nach ihm benannt, auf dem seit 1891 ein monumentales Denkmal steht. Das von den Bildhauern Antoine Étex und Gustave Deloye geschaffene Werk zeigt den Freiheitskämpfer in seinem »roten« Hemd; sein Blick ist selbstverständlich nach Turin gerichtet.

Adresse Place Garibaldi, 06000 Nice | **ÖPNV** Tramway Garibaldi | **Tipp** Direkt unter den Arkaden an der Place Garibaldi Nummer 5 befindet sich das 1908 eröffnete Grand Café de Turin, die klassische Adresse, um in Nizza frische Meeresfrüchte zu essen. Die imposante Platte mit Krebsen, Austern, Seeigeln und diversen Muscheln wird wie ein Stillleben auf Eis serviert (Tel. 0033/(0)493622952, www.cafedeturin.com).

56__Das Haus der Exilanten

Heinrich Mann, Joseph Roth und Hermann Kesten

Nizza gehörte neben Marseille und Sanary-sur-Mer zu jenen Orten in Südfrankreich, in denen sich nach der nationalsozialistischen Machtergreifung zahlreiche Exilschriftsteller und andere Intellektuelle zusammenfanden. Unter den politisch Entwurzelten waren so bekannte Persönlichkeiten wie Klaus Mann, der Journalist Theodor Wolff oder der Sexualforscher Magnus Hirschfeld.

Zu den Schriftstellern, die neben Klaus Mann einen Teil ihres Exils in Nizza verbrachten, gehörten auch Hermann Kesten, Joseph Roth und Heinrich Mann. Gemeinsam mieteten die drei befreundeten Autoren im Herbst 1934 an der Promenade des Anglais (Hausnummer 121, an der Ecke zur Petite Avenue de la Californie) ein Haus mit drei möblierten Etagenwohnungen. Im ersten Stock wohnte Hermann Kesten zusammen mit seiner Frau Toni, im zweiten Stock Joseph Roth mit »der schönen« Manga Bell und im dritten Stock Heinrich Mann mit seiner zweiten Frau Nelly Kroeger. In seinen Lebenserinnerungen »Meine Freunde, die Poeten« beschrieb Hermann Kesten eine – trotz Exil – unbeschwerte Zeit: »An blauen Abenden standen wir auf unseren Balkons und sahen, wie die Sonne im Meer unterging und ihr Abschein die Wellen und den Himmel und die Wangen unserer Frauen rötete. Heiter verbrachten wir die folgenden Monate zusammen.«

Am Vormittag wurde fleißig gearbeitet, später traf man sich dann im Café de France oder auf der Place Masséna unter den Arkaden des Café Monnod, um über die »Gesetze des historischen Romans« zu diskutieren, denn alle drei Autoren hatten sich in die Recherchen zu Romanen vertieft, die in der Vergangenheit spielen sollten: Heinrich Mann schrieb seinen »Henri Quarte«, Hermann Kesten an »Ferdinand und Isabella«, Joseph Roth an »Die Hundert Tage« (über Napoleons Rückkehr aus Elba) – so konnten die drei wenigstens zeitweise die politische Gegenwart aus dem eigenen Schaffen verbannen.

Adresse 121, Promenade des Anglais, 06200 Nice | **ÖPNV** Buslinien 3, 5 und 7 | **Tipp** Magnus Hirschfeld starb am 14. Mai 1935 an einem Schlaganfall. Sein Grab findet sich auf dem Cimetière de Caucade. Auf seinem Grabstein steht sein Lebensmotto: »Per scientiam ad iustitiam« (Durch Wissenschaft zur Gerechtigkeit).

57__Das Hotel Excelsior
Das ehemalige Gestapo-Hauptquartier

Modern und frisch renoviert, so präsentiert sich das Hotel Excelsior in einem schmucken Belle-Epoque-Gebäude aus dem 19. Jahrhundert. Dezente Farben, ein schöner Holzboden und ein umfassendes Wohlfühlkonzept sorgen dafür, dass sich die Gäste in dem Viersternehotel schnell wie zu Hause fühlen. Auf der Hotel-Homepage wird Nizza als Ferienmetropole mit historischem Flair präsentiert, aber zur Geschichte und früheren Nutzung des Hauses findet man kein Wort. Das mag einerseits verständlich sein, denn dies ist ein heikles Thema, und wer will schon mit dem Umstand werben, dass man seine Ferien im ehemaligen Gestapo-Hauptquartier verbringen kann? Andererseits war das Excelsior schon ein Hotel, bevor es von den Nazis fast 360 Tage lang für ihre Zwecke missbraucht wurde. Wie es dazu kam?

Nach dem italienisch-alliierten Waffenstillstand und dem damit verbundenen Kriegsaustritt Italiens marschierten deutsche Truppen und die Gestapo über den Var und fielen in Nizza ein. Als Hauptquartier der Militärs dienten mehrere Luxushotels wie das L'Hermitage in Cimiez, während die Gestapo unter dem Kommando des berüchtigten SS-Hauptsturmführers Alois Brunner im Hotel Excelsior residierte. Nacht für Nacht zogen die NS-Schergen durch die Stadt. Anschließend wurden die Verdächtigen im Hotel verhört und gefoltert. Das Excelsior galt als Vorhof zur Deportation. Bis zum 28. August 1944 wurden mehr als 3.000 Juden, darunter auch 264 Kinder, aus Nizza und der Umgebung erst nach Drancy und dann in die Vernichtungslager deportiert. Zu den Opfern gehörte auch Arno Klarsfeld. Für den Vater des später als Nazi-Jäger bekannt gewordenen französischen Rechtsanwaltes Serge Klarsfeld begann ein Leidensweg, der in Auschwitz mit seiner Ermordung endete. Serge Klarsfeld musste sich bis zum 9. Oktober 2009 gedulden, bevor in seinem Beisein vor dem Hotel eine Gedenktafel enthüllt wurde.

Adresse 19, Avenue Durante, 06000 Nice, www.excelsiornice.com | **ÖPNV** Tramway Gare Thiers | **Tipp** Es gibt in Nizza mehrere Gedenktafeln, die an die ermordeten Widerstandskämpfer und Juden erinnern, am Bahnhof weist eine Tafel auf die Juden-deportationen hin.

58__Die Maison Bestagno
Das Paradies der Schirme

Nizza muss eine ziemliche Schlechtwetterecke sein, könnte man denken, wenn man in der Altstadt vor einem kleinen altertümlichen Eckgeschäft steht, das hier Schirme in allen Variationen im Angebot hat. Ein Geschäft für Regenschirme in einer Stadt, die für 280 Sonnentage pro Jahr bekannt ist? Lohnt sich denn das?

Die Antwort ist ein klares Ja! Die Maison Bestagno wurde bereits 1850 von dem Ururgroßonkel des heutigen Besitzers eröffnet. Seither werden in dem Ladengeschäft mit der schmucken Holzfassade Regenschirme (Parapluies), Sonnenschirme (Ombrelles) und Spazierstöcke (Cannes) verkauft. Die Auswahl ist gigantisch: Es gibt Minischirme, Teleskopschirme, aber auch solche, die groß genug sind, um selbst bei heftigem Regen darunter einen romantischen Nachmittag am Kiesstrand zu verbringen. Es gibt einfarbige und bunte, es gibt Schirme mit Punkten und mit Karos. Modische Exzentriker werden sich an den handgefertigten Schirmen mit impressionistischen Motiven und echten Holzgriffen erfreuen, darunter ein Modell mit einer aufgedruckten Abbildung von Renoirs berühmtem Gemälde »Die Regenschirme«.

Phantasievoll sind auch die kleinen, nicht nur bei japanischen Touristinnen beliebten Sonnenschirme, die aus weichen Stoffen gefertigt und auf Wunsch mit Fransen besetzt werden. Ein Großteil der Schirme stammt aus eigener Produktion und wird in der Werkstatt im ersten Stock des Hauses gefertigt, wo auch Reparaturen erledigt werden – in ganz Frankreich gibt es übrigens nur noch zwei weitere Geschäfte, die ausschließlich Schirme verkaufen.

Ein besonderes Steckenpferd von Monsieur Gino Bestagno sind die Spazierstöcke. Er besitzt eine ganze Sammlung historischer Stöcke, die – egal, ob gedrechselt, versilbert oder mit Elfenbein verziert – einst zum modischen Outfit eines vornehmen Herren gehörten, heute aber leider gänzlich von der Promenade des Anglais verschwunden sind.

Adresse 17, Rue de la Préfecture, 06300 Nice, www.maisonbestagno.fr | **ÖPNV** Tramway Cathédrale Vieille Ville | **Öffnungszeiten** Di–Sa 9.30–12 und 14.30–19 Uhr, im August Betriebsferien; wenn es regnet, auch montags geöffnet | **Tipp** Leckere Süßwaren gibt es in der alteingesessenen Konditorei – seit 1820! – in der Rue Saint-François de Paule Nummer 7 (Mo–Sa, Tel. 0033/(0)493857798, www.maison-auer.com).

59__Das Matisse-Haus

So farbenfroh wie eine Malerpalette

Der Cours Saleya, auf dem jeden Tag der berühmte Blumenmarkt abgehalten wird, gehört zu den beliebtesten Plätzen der Stadt. Tagein, tagaus bummeln Tausende von Touristen über den Markt, abends füllen sich die Cafés mit Touristen und Einheimischen. Keine Gedenktafel und kein Schild erinnert allerdings daran, dass in dem Haus, das die Ostseite des Platzes abschließt, mit Henri Matisse einer der berühmtesten Künstler des 20. Jahrhunderts gelebt hat.

Als Matisse im Dezember 1917 nach Nizza kam, gefiel ihm die düster-verregnete Stadt gar nicht. Er lebte eine Zeit lang im Hôtel Beau-Rivage an der Promenade des Anglais und wollte schon wieder abreisen, als der Mistral den Himmel leer fegte und ihn zum Umdenken bewog: Matisse war von dem Licht- und Farbenspiel so begeistert, dass er beschloss, an die Côte d'Azur zu ziehen. Von 1921 bis 1938 lebte und arbeitete er am Cours Saleya in dem schmucken Gebäude, dessen ockergelbe Fassade am Abend so herrlich in der Sonne leuchtet. Die ersten fünf Jahre bewohnte er ein Appartement im dritten Stock mit Blick auf den Blumenmarkt, dann mietete er zwei Wohnungen im vierten Stock, die ihn wegen ihres umlaufenden Balkons und des faszinierenden Meerblickes begeisterten. Matisse dekorierte sein Atelier mit Stoffbahnen, Teppichen und Vorhängen und schuf dort so bedeutende Werke wie »Odaliske mit Lehnstuhl« oder »Nackt im Atelier«.

Wie Renoir und Picasso, so hat auch Matisse seinen Lebensabend an der Côte d'Azur verbracht. Gegen Ende des Zweiten Weltkriegs flüchtete er für ein paar Jahre nach Vence, wo er mit der Ausgestaltung der Chapelle Notre-Dame du Rosaire ein beeindruckendes Alterswerk hinterlassen hat. Die letzten Jahre bis zu seinem Tod wohnte Matisse in Nizza in einem Appartement im früheren Hotel Régina Palace im Stadtteil Cimiez. Dort starb er am 3. November 1954 und wurde auf dem Friedhof von Cimiez begraben.

Adresse Cours Saleya, offizielle Adresse: 1, Place Charles-Félix, 06300 Nice | **ÖPNV** Tramway Cathédrale Vieille Ville | **Tipp** Nicht versäumen sollte man den Besuch des Musée Matisse, in dem zahlreiche Gemälde aus allen Schaffensperioden zu sehen sind. Das Museum liegt im Stadtteil Cimiez, 164, Avenue des Arènes de Cimiez (Buslinie 15, 17, 20 und 22). Geöffnet ist täglich außer Dienstag 10–18 Uhr (www.musee-matisse-nice.org).

60__Das Postamt

Ein Postpalast aus rotem Backstein

Wie in Deutschland, so war auch in Frankreich die Post einst das Zentrum der nationalen Kommunikation und eine mächtige Organisation. Tempi passati. Die alte, für Post, Telegrafie und Telefon zuständige Behörde (P.T.T.) wurde zerschlagen und aufgeteilt. »La Poste« widmet sich heute nur noch dem Brief- und Paketdienst, ist aber nach dem öffentlichen Dienst noch immer der größte Arbeitgeber des Landes.

Standesgemäß wurde 1930 auf einem Eckgrundstück in unmittelbarer Nähe des Hauptbahnhofes ein neues zentrales Postamt gebaut. Die aus rotem Backstein errichtete Poste Thiers mit ihrem markanten, 27 Meter hohen Uhrenturm ist das einzige Backsteingebäude in der gesamten Stadt. Angeblich sollen 300.000 Steine verbaut worden sein. Der Entwurf stammte von Guillaume Tronchet, was auch in einer Inschrift am nordwestlichen Turm festgehalten wurde. Als Chefarchitekt war Tronchet in ganz Frankreich für »Zivilbauten und nationale Paläste« verantwortlich, daher hält sich das Gerücht, das Postamt wäre ursprünglich für die nordfranzösische Stadt Lille gedacht gewesen, wo sich ein Backsteinbau besser in das Stadtbild einfügen würde. Zeitgenossen lobten die herausragende Funktionalität des Gebäudes mit seiner riesigen Sortieranlage und der unterirdischen Verbindung zum gegenüberliegenden Hauptbahnhof. Beachtenswert sind auch die kunstvollen Schmiedearbeiten und die kubistisch anmutenden Fenster, die von dem Glaskünstler Jacques Gruber stammen, sowie die Zementskulpturen an der Fassade.

Zusammen mit der Église Sainte-Jeanne-d'Arc und dem Spielcasino Palais de la Méditerranée gehört die Poste Thiers zu jenen Gebäuden, die in Nizza im Art-déco-Stil errichtet wurden. Alle drei sind eindrucksvolle architektonische Zeugnisse der 1920er und 1930er Jahre, einer Epoche, in der Nizza stark prosperierte und sich weit nach Norden hin ausbreitete.

Adresse 21, Avenue Thiers, 06000 Nice | **ÖPNV** Tramway Gare Thiers | **Öffnungs-zeiten** Mo–Fr 8–19 Uhr, Sa 8–12.30 Uhr | **Tipp** Wer will, kann sich auch problemlos postlagernd Briefe oder Päckchen schicken lassen und diese mit Personalausweis oder Reisepass am »Poste-Restante«-Schalter innerhalb von 15 Tagen abholen. Das Au Voyageur Nisart in der Rue d'Alsace-Lorraine Nummer 19 ist ein traditionelles Restaurant in Bahnhofsnähe (Di–So, Tel. 0033/(0)493821960, www.voyageurnissart.com).

61 Die Promenade du Paillon

Wasserspiele über dem Flussbett

Die lang gestreckte Promenade des Anglais ist weltbekannt. Vielfach gerühmt, gemalt und fotografiert, ist sie das Markenzeichen der Stadt an der Engelsbucht. Es hat fast 200 Jahre gedauert, doch jetzt hat die berühmte Flaniermeile mit der Promenade du Paillon Konkurrenz bekommen.

Der im Nordwesten der Altstadt vorbeiführende Paillon ist ein rund 40 Kilometer langer Fluss, der auf 1.300 Meter Höhe im Hinterland der Côte d'Azur entspringt. In den Sommermonaten ist er nicht viel mehr als ein kleines Rinnsal, doch kann er im Frühjahr und nach schweren Regenfällen zu einem mächtigen Strom anschwellen, dessen Hochwasser schon im Mittelalter gefürchtet waren. Nachdem der Paillon die Stadt immer wieder überschwemmt und verwüstet hatte, begann man Ende des 19. Jahrhunderts, den Fluss in verschiedenen Bauphasen einzudeichen und zu überbauen. Nizza profitierte zwar davon, dass die Altstadt und die Neustadt näher zusammenrückten, doch gleichzeitig verschwand der Paillon aus dem Gedächtnis der Stadt. Erst als man nach dem Abriss des alten Busbahnhofs und eines Parkhauses nach einem neuen städtebaulichen Konzept suchte, entschied man sich dafür, den Fluss durch eine den unterirdischen Verlauf des Paillon symbolisierende Promenade wieder »sichtbar« zu machen.

Als die Promenade du Paillon 2013 nach einer dreijährigen Bauzeit eröffnet wurde, war die Begeisterung groß. Auf einer Länge von über einem Kilometer ist eine wahre Oase im Herzen der Stadt entstanden, die von Touristen wie Einheimischen mit der gleichen Begeisterung angenommen wird. Besonders beliebt sind ein riesiger, 3.000 Quadratmeter großer sowie ein kleinerer Wasserspiegel. In regelmäßigen Abständen werden zur sommerlichen Freude der Kinder Wasserfontänen hoch in die Luft geschossen. Schattige Laubengänge laden ebenso wie zahlreiche Bänke und drehbare Sessel zum Verweilen ein.

Adresse Promenade du Paillon, 06000 Nice | **ÖPNV** Tramway Masséna | **Öffnungs-zeiten** täglich 7–23 Uhr; im Winter bis 21 Uhr | **Tipp** Von der Dachterrasse des Musée d'Art Moderne et d'Art Contemporain hat man einen herrlichen Blick auf die Promenade du Paillon und die Dächer der Altstadt.

62 _ Sainte-Jeanne-d'Arc

Stahlbeton im weißen Zuckerbäckerstil

Die russisch-orthodoxe Kathedrale von Nizza mit ihren Zwiebeltürmchen ist weltbekannt, ebenso die Cathédrale Sainte-Réparte in der historischen Altstadt. Aber wer hat schon einmal etwas von der Église Sainte-Jeanne-d'Arc gehört? Selbst die meisten Kunsthistoriker zucken ahnungslos mit den Schultern, dabei ist die im Norden Nizzas gelegene Kirche ein architektonisches Kleinod.

Bereits 1913 begann man mit dem Bau des katholischen Gotteshauses, doch bedingt durch den Ausbruch des Ersten Weltkriegs kamen die Arbeiten nicht über die Krypta hinaus. Erst 1926 wurden die Bauarbeiten nach den Plänen von Jacques Droz fortgeführt und 1933 beendet. Die der Jungfrau von Orléans geweihte Kirche gilt als das Hauptwerk des Pariser Architekten; sie wurde als »Monument historique« klassifiziert und 2009 vom Kultusministerium sogar zum »Patrimoine du XXe siècle« ernannt.

Jacques Droz hat den Sakralbau in Stahlbetonbauweise errichtet, wobei die Formensprache vom Art déco beeinflusst ist, aber auch Anlehnungen an Gaudí und afrikanische Elemente lassen sich ausmachen. Gekrönt wird das Bauwerk von acht kleineren sowie drei imposanten eiförmigen Kuppeln und einem 65 Meter hohen Glockenturm mit durchbrochener Spitze, dessen verdrehte Form die Osterkerze symbolisiert. Aufgrund der ellipsoiden Wölbungen wird eine grandiose Raumwirkung erzielt. Die Wandmalereien im Inneren stammen von dem Maler Eugène Klementieff und sind deutlich vom russischen Kubismus inspiriert. Thematisch werden die Stationen des Kreuzwegs dargestellt, hinzu kommt ein Wandteppich, der den Bund zwischen Gott und seinem Volk beschreibt.

Die moderne Formensprache erfreut sich allerdings nicht ungeteilter Zustimmung: Von Kritikern wird die Kirche wegen ihrer auffälligen weißen Farbe und der Kuppelform mit einer Baiserhaube verglichen und auch ironisch als Notre-Dame-des-Œufs (Notre-Dame der Eier) bezeichnet.

Adresse 11, Rue Grammont, 06100 Nice | **ÖPNV** Buslinie 23 bis Bella Vista oder Tramway bis Borriglione | **Öffnungszeiten** täglich 9–18 Uhr, Führungen Di 11 Uhr | **Tipp** Zehn Fußminuten entfernt befindet sich das Musée National Message Biblique Marc Chagall in der Avenue du Docteur Ménard (Mai–Okt. Mo, Mi–So 10–18 Uhr; Nov.–April Mo, Mi–So 10–17 Uhr, www.musee-chagall.fr).

63__Das Treppenhaus

Versteckter barocker Glanz

Das Palais Lascaris liegt versteckt in einer schmalen Altstadtgasse. Allzu leicht läuft man an dem Haus vorbei, da die eher schlichte Fassade nicht vermuten lässt, welch üppige Ausstattung sich im Inneren verbirgt. Weit mehr als andere Gebäude in der Altstadt erinnert der Palast an jene glanzvolle Epoche Nizzas, die spätestens mit der Revolution ein jähes Ende fand.

Vornehme Bürger- und Adelsfamilien haben sich hier im Barockzeitalter repräsentative Wohnhäuser errichten lassen. Da der Platz in der Altstadt von Nizza begrenzt war, kommen diese Paläste von außen nicht so zur Geltung, doch im Inneren verblüffen sie den Besucher mit ihren so eleganten wie repräsentativen Räumlichkeiten. Leider sind nur die wenigsten Paläste öffentlich zugänglich, eine Ausnahme bildet das Palais Lascaris. Der Palast wurde ab 1643 von der namensgebenden Familie Lascaris-Vintimille nach dem Vorbild der Genueser Palazzi errichtet, die keine Kosten und Mühen scheute, um den eigenen gesellschaftlichen Status hervorzuheben, wobei auch das Familienwappen in der Vorhalle nicht fehlen durfte. Während der Revolution wurde das Haus besetzt, später dann in ein Mietshaus umgewandelt, was allerdings eine längere Phase des Verfalls einleitete, bevor das Palais 1942 von der Stadt Nizza erworben werden konnte.

Nach einer umfangreichen Renovierung kann man den Palast heute kostenlos besichtigen. Eindrucksvoll ist vor allem das monumentale Treppenhaus mit seinen Marmorbalustraden, Säulen und Skulpturen sowie dem reich mit Fresken verzierten Deckengewölbe. Begleitet von Engeln, steigt man zu den herrschaftlichen Räumen hinauf. Die Prunkzimmer des Palais Lascaris sind mit Atlanten, Karyatiden und Putten verziert und mit kostbaren Wandteppichen ausgestattet.

In einem Teil der Räumlichkeiten ist seit ein paar Jahren eine Sammlung historischer Musikinstrumente untergebracht.

Adresse 15, Rue Droite, 06300 Nice | **ÖPNV** Tramway Cathédrale Vieille Ville |
Öffnungszeiten Mo, Mi–So 10–18 Uhr, im Nov. geschlossen | **Tipp** Das Erdgeschoss
des Stadtpalastes beherbergt eine historische Apotheke, deren Einrichtung aus der
Mitte des 18. Jahrhunderts stammt.

64__Die Victorine-Filmstudios

Klein-Hollywood an der Côte d'Azur

Als Filmkulisse hat sich der Süden Frankreichs längst einen festen Platz in der Kinogeschichte erobert. So drehten die Brüder Lumière im Jahr 1895 am Bahnhof von La Ciotat »Die Ankunft eines Zuges« (L'Entrée du train en gare de La Ciotat), dessen spektakuläre Bilder dem damals neuen Medium Film zum Durchbruch verhalfen. In Marseille und Nizza entstanden dann in den 1920er Jahren die ersten Filmstudios, die sich schnell einen ähnlich ausgezeichneten Ruf erwarben wie die Produktionsfirmen im Berlin der Weimarer Republik.

Im Jahre 1925 erwarb der Hollywood-Produzent Rex Ingram die Victorine-Filmstudios in Nizza und schuf mit »Mare Nostrum« einen Agentenfilm über deutsche U-Boote. In den darauffolgenden Jahren wurden in diesen Studios zahlreiche renommierte Filme produziert. Selbst nach Kriegsausbruch drehte man weiter: In den Victorine-Studios in Nizza entstand Marcel Carnés Klassiker »Les Enfants du Paradis« (Kinder des Olymp), die Hauptrollen spielten Arletty und der unvergessene Jean-Louis Barrault.

Nach dem Ende des Zweiten Weltkriegs begann die Glanzzeit des Studios, wurden doch hier so berühmte Filme wie »Über den Dächern von Nizza« mit Grace Kelly und Cary Grant (1954) sowie »Und immer lockt das Weib« gedreht, der 1956 einer jungen Schauspielerin namens Brigitte Bardot zum Durchbruch verhalf. Von Elizabeth Taylor über Katherine Hepburn, Roger Moore und Louis de Funès bis hin zu Alain Delon gab es kaum einen Filmstar, der in Nizza nicht vor der Kamera stand. Selbst Kultregisseur François Truffaut drehte hier »Das Geheimnis der falschen Braut« und »Die amerikanische Nacht«. Seit 1999 firmieren die Victorine-Filmstudios unter dem Namen Studios Riviera. Auf einem Areal von 70.000 Quadratmetern stehen Filmproduzenten insgesamt zehn Studios mit modernster Technik zur Verfügung, die heute vor allem für Werbefilme und TV-Serien genutzt werden.

Adresse 16, Avenue Édouard Grinda, 06200 Nice, www.studios-riviera.com | **Anfahrt** Die Filmstudios liegen im Westen der Stadt rund 1 Kilometer vom Flughafen entfernt | **Tipp** In unmittelbarer Nähe zu den Studios, Promenade des Anglais 405, befindet sich das Musée des Arts Asiatiques, das faszinierende Einblicke in die chinesische, japanische, koreanische, kambodschanische und indische Kunst vermittelt (www.arts-asiatiques.com).

65_Die Villa Speranza

Wo Friedrich Nietzsche mit blauen Fingern dichtete

Zu den zahlreichen Nordeuropäern, die die Wintermonate an der französischen Riviera verbrachten, gehörte auch Friedrich Nietzsche. Zwischen 1883 und 1888 kam der Philosoph jeden Winter nach Nizza, um sein »Kopfleiden ausschließlich mit reinem Himmel zu kurieren«. Hier im milden Klima schrieb er große Teile seiner berühmten Werke »Jenseits von Gut und Böse«, »Der Wille zur Macht«, »Ecce Homo« und »Der Antichrist«.

Nietzsche gefiel es in Nizza ausgesprochen gut. Er pries die hiesige Witterung als »das belebendste Klima, das sich denken läßt«, und schrieb an Heinrich Köselitz in Venedig: »Nizza, als französische Stadt, ist mir unleidlich und fast ein Flecken in dieser südländischen Herrlichkeit; aber es ist auch noch eine italiänische Stadt – da, im älteren Theil, habe ich mich eingemiethet, und wenn geredet werden muß, wird italiänisch geredet: dann ist es wie in einer Genueser Vorstadt.«

Zumeist lebte Nietzsche in Nizza in einfachen Pensionen, wobei er sich aus Kostengründen oft mit den billigeren Nordzimmern begnügen musste. Von Oktober 1886 bis zum April 1887 wohnte er in der Villa Speranza in der Rue des Ponchettes unterhalb des Burgbergs. Es war ein kalter Winter, und Nietzsche beklagte sich über seine »blauen Finger«, die ihm das Schreiben beschwerlich machten: »Was habe ich in den 7 Wintern meiner Existenz im Süden schon gefroren!«

Friedrich Nietzsche lebte sehr zurückgezogen. Weder zu seinen Mitbewohnern noch zu den Einheimischen unterhielt er engere Kontakte. Meist unternahm er Spaziergänge auf den Burgberg hinauf oder Ausflüge in die nähere Umgebung, besonders liebte er die Wanderung von Èze-sur-Mer hinauf nach Èze. Schweißtreibend, aber inspirierend: Nietzsche will Teile des berühmten »Also sprach Zarathustra« im »beschwerlichsten Aufsteigen von der Station zu dem wunderbaren maurischen Felsenneste Eza gedichtet« haben.

Adresse 17, Rue des Ponchettes, 06300 Nice | **ÖPNV** Opéra Vieille Ville | **Tipp** Nach Nietzsche ist in Nizza die Terrasse Frédéric Nietzsche benannt, eine Aussichtsplattform am Ende der Montée Eberlé.

66_ Der Unterwasserlehrpfad

Ein Spaziergang über den Meeresboden

Port-Cros ist wahrlich eine Trauminsel! Bis zum Jahr 1963 war das gesamte Eiland in Privatbesitz und blieb daher nahezu unbewohnt. Marceline und Marcel Henry vermachten die Insel dem französischen Staat mit der Auflage, ihre 690 Hektar unter Naturschutz zu stellen. Der Staat nahm die Schenkung an, und Präsident Pompidou verfügte per Dekret die Einrichtung des Parc National de Port-Cros. Das Besondere an Port-Cros ist, dass sich die Schutzzone dieses kleinsten der französischen Nationalparks nicht nur auf das Land, sondern auch auf die Küstengewässer erstreckt.

Mit ihrem glasklaren Wasser ist die Insel ein beliebtes Ziel von Tauchern und Schnorchlern, die Unterwasserjagd ist hingegen streng verboten, schließlich ist der Schutz des komplexen Ökosystems die oberste Prämisse. Um die Sensibilität für die Unterwasserflora und -fauna zu wecken, wurde Ende der 1980er Jahre in Port-Cors der erste Unterwasserlehrpfad (Sentier sous-marin) Frankreichs angelegt.

Direkt am an der Nordküste der Insel gelegenen Plage de la Palud beginnt dieser Pfad, der zu einem markanten, im Meer aufragenden Felsen (Rocher du rascas) führt. Auf dem von Mitte Juni bis Mitte September mit Kunststofftafeln ausgeschilderten 300 Meter langen Weg lässt sich eine herrliche Unterwasserwelt mit Schnorchel und Taucherbrille erforschen. Pressluftflaschen benötigt man nicht, da der Lehrpfad nur wenige Meter unter der Wasseroberfläche verläuft, allerdings sind Flossen durchaus nützlich, um die Strecke in einer halben Stunde bewältigen zu können. Orientierungsprobleme muss man nicht befürchten, da die Tafeln mit gelben Bojen markiert und somit leicht zu finden sind. In der geheimnisvollen Stille des Meeres gleitet man über einen schillernden Seegrasteppich hinweg. Die Bilder auf den Schautafeln erleichtern das Identifizieren von Meeraal, Drachenkopf, Zackenbarsch und anderen Meeresbewohnern.

LES ROCHES ÉCLAIRÉES

Ce milieu est d'une grande richesse car la lumière favorise le développement des algues, premiers maillons de nombreuses chaînes alimentaires.

Serran écriture

Girelle paon

Girelle commune

Femelle

mâle

Chapon

Rascasse brune

Étoile de mer

Adresse Port-Cros, 83400 Hyères | **Anfahrt** Port-Cros gehört zu den Îles d'Hyères und wird im Sommer mehrmals täglich vom Festland (la Tour-Fondue) mit dem Fährschiff angesteuert. Informationen über Verbindungen und Preise: www.tlv-tvm.com | **Tipp** Die Nachbarinsel Île du Levant mit ihren herrlichen Stränden gilt seit 1931 als Nudistenparadies.

67__Kleinvenedig an der Küste

Eine Lagunenstadt aus der Retorte

Die 1960er Jahre waren für den französischen Mittelmeertourismus ein goldenes Zeitalter. Überall an der Küste wurden neue Feriensiedlungen und -häuser errichtet. Mancherorts wie in La Grande-Motte oder in Marina Baie des Anges entstanden modernistische »Ferienmaschinen«, die mehrere tausend Touristen gleichzeitig beherbergen konnten. Wer diese Bauten heute verteufelt, darf nicht vergessen, dass die Politik keine andere Möglichkeit sah, den Massenansturm zu bewältigen, und dass die Umweltbewegung damals noch in ihren Kinderschuhen steckte.

Auf der Suche nach neuem Bauland entdeckte der elsässische Architekt und Bauunternehmer François Spoerry damals einen öden Küstenabschnitt im spitzen Winkel der Bucht von Saint-Tropez, in dem sich einzig Stechmückenkolonien wohlfühlten. Die Sumpflandschaft in der Giscle-Mündung wurde trockengelegt und die Mücken, wie damals üblich, mit Chemie bekämpft. Im Sommer 1966 begannen dann die Bauarbeiten für das provenzalische Venedig. Spoerry gab sich viel Mühe mit seiner Planstadt. Er entwarf eine Fußgängeridylle mit Kopfsteinpflaster, schattige Säulengänge und kühn geschwungene Brücken, die die Wohninseln miteinander verbinden. Eine »Wehrkirche« mit den für die Provence typischen Strebepfeilern durfte ebenso wenig fehlen wie ein Rathaus und ein Marktplatz. Innerhalb dreier Jahrzehnte entstand eine beachtliche Lagunenstadt. Der Ort, der längst Patina angesetzt hat, besteht aus mehr als 2.000 pastellfarbenen Häusern und einem sieben Kilometer langen Kanalsystem, sodass jeder Hausbesitzer auch über einen eigenen Ankerplatz für seine Yacht verfügt.

François Spoerrys Projekt war nicht unumstritten, doch heute gilt Port-Grimaud als gelungenes Beispiel für eine postmoderne Feriensiedlung und hat nicht nur weltweit Nachahmer gefunden, sondern wurde vom Kultusministerium sogar zum »Patrimoine du XXe siècle« ernannt.

Adresse 83310 Port Grimaud, www.port-grimaud.fr | **Anfahrt** Port Grimaud liegt
7 Kilometer westlich von Saint-Tropez direkt an der Küstenstraße D 559. | **Tipp** Port
Grimaud besitzt übrigens einen sehr schönen gepflegten Sandstrand, der – wie könnte
es anders sein? – künstlich aufgeschüttet wurde. Im namensgebenden alten Dorf Grimaud gibt es noch eine Burgruine zu bewundern.

68 __ Eine Frau in Ketten

Das Maillol-Denkmal für Louis-Auguste Blanqui

Wahrscheinlich war Louis-Auguste Blanqui schon in der Schule ein unruhiger Geist, der keinen Konflikt mit seinen Lehrern scheute. Aber das ist Spekulation. Fest steht: Der am 7. Februar 1805 in Puget-Théniers in den Seealpen als Sohn eines Unterpräfekten geborene Blanqui war ein Berufsrevolutionär, der sich zeitlebens für die soziale Gerechtigkeit engagierte und an zahlreichen Aufständen beteiligt war.

Ein monumentales Bronzedenkmal von Aristide Maillol erinnert seit 1908 am Ortsrand an den berühmten Sohn der Stadt, der viele Jahre im Gefängnis verbringen musste. Daher hat Maillol seinem Denkmal auch den symbolträchtigen Titel »L'Action enchaînée« gegeben, was übersetzt so viel wie »Die angekettete Aktion« bedeutet.

Für die Revolution von 1789 wurde Blanqui zu spät geboren, sonst wäre er sicher auch dabei gewesen. Bei allen weiteren berühmten Aufständen – sei es die Julirevolution von 1830, die Junirevolte von 1848 oder die Pariser Kommune von 1870/71 – war Blanqui immer in maßgeblicher Funktion beteiligt, bei der Pariser Kommune stand er kurze Zeit sogar an der Spitze der Übergangsregierung! So viel Engagement bekam ihm allerdings weniger gut: Knapp die Hälfte seiner 76 Lebensjahre musste Louis-Auguste Blanqui entweder im Gefängnis oder im belgischen Exil verbringen. Besonders entbehrungsreich waren seine neun Haftjahre auf dem Mont-Saint-Michel. Blanquis revolutionärer Geist wurde jedoch nicht gebrochen: Seine Ideen und Schriften hatten großen Einfluss auf spätere sozialistische und kommunistische Bewegungen.

Zweifellos: Dieser Mann hat ein Denkmal verdient! Doch bleiben noch zwei Fragen offen: Warum hat Aristide Maillol keinen Mann, sondern eine jugendliche nackte Athletin mit kräftig ausschreitendem Gang gewählt, und warum wurde das Denkmal just auf dem Spielplatz von Puget-Théniers aufgestellt?

Adresse 06260 Puget-Théniers | **Anfahrt** Puget-Théniers liegt im Tal des Var an der D 6202, die Entfernung von Nizza beträgt 70 Kilometer. | **Tipp** Puget-Théniers sich von Nizza bequem mit dem Train des Pignes erreichen (www.trainprovence.com).

69__Le Club 55

Und immer lockt der Sommer

Am Anfang war der Strand. Ein goldgelber, einsamer Sandstrand, unbebaut und abgelegen. Bernard de Colmont zeltete hier mit seiner Familie und liebte das einfache Robinsonleben. Dann gab es eine kleine Erbschaft, und Bernard erwarb 1953 ein kleines Stück Land hinter den Dünen, direkt an der Plage de Pampelonne. Gemeinsam mit seiner Frau Geneviève errichtete er eine einfache Holzhütte, es gab weder Wasser noch Strom, aber man genoss den Sommer und kochte für ein paar Freunde, die vorbeischauten.

Als zwei Jahre später zufällig Regisseur Roger Vadim in seinem Jeep vorbeifuhr und fragte, ob man hier seine Filmcrew bewirten könne, da er gerade einen Film namens »Und immer lockt das Weib« drehe, schlug die Geburtsstunde des Club 55. Madame de Colmont legte ein paar frisch gefangene Sardinen auf den Grill, Brigitte Bardot, Curd Jürgens und Françoise Sagan gehörten zu den ersten Gästen.

Der »Cinquante-Cinq« mit seinem einzigartigen Flair gilt heute als die Mutter aller Strandclubs, die Stimmung ist locker, denn der Gast sollte sich nicht als König, sondern als Freund fühlen. Seither geben sich die Stars und Starlets die Klinke in die Hand. Und die Gästeliste ist mehr als beachtlich: Sie reicht von Gunter Sachs und Alain Delon über François Mitterrand und Michail Gorbatschow bis hin zu Bill Gates, George Clooney und Bono – Letzterer gab vor ein paar Jahren mit seinen Bandkollegen von U2 ein legendäres Spontankonzert, das den ganzen Betrieb lahmlegte.

Ohne rechtzeitige Reservierung geht in der Regel gar nichts. Außer man heißt zufällig Bruce Willis oder Karl Lagerfeld. Die Plätze an den weiß gekalkten Tischen sind begehrt, die Küche ist gut, aber eher bodenständig. Klassiker auf der Speisekarte sind die provenzalische Gemüseplatte mit Aioli sowie der gegrillte Loup de mer, getrunken wird statt Champagner meist ein herrlicher Rosé vom eigenen Weingut.

Adresse 43, Boulevard Patch, 83550 Ramatuelle, Tel. 0033/(0)494555555, www.club55.fr | **Anfahrt** Von der zwischen Saint-Tropez und Ramatuelle verlaufenden Route des Plages (D 93) zweigt der Boulevard Patch nach Osten ab. | **Öffnungszeiten** 20. März–5. Nov. sowie zwischen Weihnachten und Silvester täglich 11–18 Uhr | **Tipp** Fast vergisst man, dass zum Club 55 auch ein eigener Strandabschnitt gehört. Wer will, kann sich eine gepolsterte Liege mieten und dort stilvoll in der Sonne rekeln.

70__Die Ferme Ladouceur

Tafeln im Weinberg

Die Halbinsel von Saint-Tropez ist in erster Linie als Spielplatz der Reichen und Schönen bekannt. Zahlreiche Prominente wie der Modezar Daniel Hechter oder der Fußballfunktionär Michel Platini besitzen hier ein repräsentatives Anwesen. Doch die Halbinsel von Saint-Tropez hat auch ihre ländlichen Seiten, zwischen den Bergdörfern Gassin und Ramatuelle erstrecken sich die Weinberge bis fast an das Meer hinunter. Der Côtes de Provence, der hier vorwiegend angebaut wird, gilt als vorzüglicher Rosé mit leuchtender Farbe und einer feinen Frucht sowie dezenten Blütendüften.

Zu den traditionsreichen Weingütern, die über die Halbinsel verteilt sind, gehört auch die Ferme Ladouceur, ein verträumter in Südfrankreich auch Bastide genannter Landsitz aus dem späten 19. Jahrhundert. Er wurde 1910 von Eugène Ladouceur erworben und befindet sich seither in Familienbesitz. Vor rund drei Jahrzehnten beschloss die Familie, nicht nur Wein anzubauen, sondern auf ihrem Anwesen auch Gäste mit provenzalischen Köstlichkeiten zu bewirten. Bei schönem Wetter sitzt man seither auf der großen Terrasse hinter dem Haus, umgeben von Oliven- und Feigenbäumen und den eigenen Weinstöcken. Die Atmosphäre ist ungezwungen, die Küche zeigt sich meist bodenständig, wobei gelegentlich auch einmal asiatische Akzente gesetzt werden (wie bei den Thunfisch-Nems mit Safransauce). Als Vorspeise gibt es beispielsweise gelbe Beete mit Sommertrüffel oder ein pochiertes Ei mit Chorizo, als Hauptgang lockt eine Cassolette vom Seeteufel oder ein auf den Punkt gegartes Lammcarré.

Serviert wird übrigens nur ein einziges, dafür täglich wechselndes Drei-Gang-Menü zu einem festen Preis, dazu wird eine Flasche vom leckeren Hauswein – je nach Wunsch: rot, rosé oder weiß – gereicht. Da der Wein unbegrenzt nachgeschenkt wird, sollte man vielleicht zuvor die Frage klären, wer nach Hause fährt. Es werden in der Bastide auch mehrere ansprechende Zimmer vermietet …

Adresse Quartier La Rouillère, 83550 Ramatuelle, Tel. 0033/(0)494792495, www.fermeladouceur.com | **Anfahrt** Unterhalb des Ortes, erst Richtung Saint-Tropez fahren, rechts auf die D 61 abbiegen, dann nach 3 Kilometern auf der linken Seite. | **Öffnungszeiten** März–Dez., nur abends geöffnet | **Tipp** Ein weiteres gutes Lokal in der Nähe ist La Verdoyante, 866, Avenue de Coste Bugade (Tel. 0033/(0)494561623, www.la-verdoyante.fr).

71 Die Domaine du Rayol

Eine Hommage an die Flora des Mittelmeers

Jedes Reihenhaus hat einen Garten, jede Provinzmetropole einen Stadtpark, aber den meisten fehlt das gewisse Etwas, durch das sich ein Garten von einer simplen Grünfläche abhebt und zu einem kleinen, verwunschenen Paradies wird. Keine Frage: Die Domaine du Rayol erfüllt all diese Voraussetzungen, denn sie ist eine einzigartige Hommage an die mediterranen Landschaften. Und obwohl sie zweifellos eine der schönsten Gartenanlagen an der Côte d'Azur ist, ist sie glücklicherweise immer noch ein Geheimtipp.

Der schwer zugängliche Küstenabschnitt war lange Zeit in Privatbesitz. Ein Bankier namens Alfred Courmes ließ sich hier 1910 eine prächtige Art-déco-Villa errichten, die später von dem Flugzeugingenieur Henri Potez gekauft wurde, der in seinem Park zeitweise rund ein Dutzend Gärtner beschäftigte. Doch nach dem Zweiten Weltkrieg verwilderte der Garten zunehmend, erst als die staatliche Küstenschutzbehörde (Conservatoire du Littoral) 1989 das über 20 Hektar große Areal erwarb, erblühte die Domaine du Rayol sprichwörtlich zu neuem Leben. Unter der Federführung von Gilles Clément, einem begnadeten Gartenarchitekten, wurde das direkt am Meer gelegene Terrain nach unterschiedlichen gestalterischen Prinzipien phantasievoll neu bepflanzt. Clément vereinte auf engstem Raum Pflanzen, die, obwohl sie unter den gleichen klimatischen Bedingungen wachsen, auf verschiedenen Kontinenten zu Hause sind.

Die Hauptachse des Gartens ist eine imposante, von Zypressen und einem kleinen Wald aus Steineichen gesäumte Treppe. Durch die Hanglage dominieren Terrassen, die mit verwunschenen Pfaden verbunden sind. Im Mexikanischen Garten blühen Palmlilien, Agaven und Säulenkakteen, im Kanarischen Garten begeistern Natternköpfe und Drachenbäume. Australien ist mit Eukalyptus und Akazien vertreten, Neuseeland mit Baumfarnen und Südafrika mit einem großdornigen Weißdorn.

Adresse Avenue des Bèlges, 83820 Rayol-Canadel-sur-Mer, www.domainedurayol.org |
Anfahrt Le Rayol liegt zwischen Hyères und Saint-Tropez, von der Küstenstraße
(D 559) führt eine beschilderte Straße zur Domaine | **Öffnungszeiten** April–Juni und
Sept.–Mitte Nov. täglich 9.30–18.30 Uhr; Juli–Aug. täglich 9.30–19.30 Uhr; im Winter
täglich 9.30–17 Uhr | **Tipp** Im Juli und August werden werktags um 10.30 Uhr
spezielle Stranderkundungen für Familien mit Kindern angeboten (Anmeldungen
unter Tel. 0033/(0)498044400).

72__Das Grab von Le Corbusier

Schlichte Sepulkralkultur

Der berühmte Architekt und Städteplaner Le Corbusier, der mit bürgerlichem Namen eigentlich Charles Édouard Jeanneret hieß, kannte Roquebrune und das Cap Martin bereits seit Ende der 1920er Jahre, als er die Designerin Eileen Grey besuchte, die sich an der Küste ein Sommerhaus errichten ließ. Le Corbusier verliebte sich in den Küstenstrefen und kam fortan fast jedes Jahr im August an die Côte d'Azur, um hier seine Ferien zu verbringen.

Nachdem er 1951 ein begehrtes Hanggrundstück am Meer erwerben konnte, plante er für sich und seine Frau ein einfaches hölzernes Cabanon (Ferienhäuschen) nach Modulor-Maßen auf einer Grundfläche von nur 3,66 Meter mal 3,66 Metern, das perfekt in die Landschaft integriert werden sollte. Das Corbusier-Häuschen begeistert vor allem Architekturliebhaber durch seine spartanische und wohldurchdachte Einrichtung. Corbusiers Frau soll sich hingegen über den mangelnden Komfort beklagt haben. Böse Zungen behaupten, dies sei dem Umstand geschuldet, dass es nur ein Bett gab und sie mit einer Matratze auf dem Boden vorlieb nehmen musste …

Am 27. August 1967 starb Le Corbusier unweit seines Hauses, als er beim Tauchen einen Herzschlag erlitt und ertrank. Er wurde auf dem Cimetière Saint-Pancrace in Roquebrune bestattet, wo auch weitere prominente Persönlichkeiten, so der Dichter William Butler Yeats, die russische Großherzogin Xenia Alexandrovna Romanov und der Maler José Barreau, ihre letzte Ruhestätte fanden.

Corbusiers Grab hebt sich deutlich von den anderen ab, denn wie es sich für einen Architekten seines Ranges gehört, hatte er das Grabmal 1958 nach dem Tod seiner Frau Yvonne selbst entworfen und einen Platz mit Blick auf das Meer ausgewählt. Die Grabplatte wird von einem Betonwürfel dominiert, auf zwei farbenfrohen Platten sind die Namen und Lebensdaten des Ehepaares aufgemalt.

Adresse Chemin de Gorbio, 06190 Roquebrune-Cap-Martin. Das Grab befindet sich auf dem Carré H, Nummer 3. | **Anfahrt** Roquebrune liegt 5 Kilometer östlich von Monaco 1 Kilometer oberhalb der Küstenstraße (D 6007) unweit der D 2564. Der Friedhof liegt östlich des Dorfes und ist über die Rue de la Fontaine zu Fuß in 5 Minuten zu erreichen. | **Öffnungszeiten** täglich April–Sept. 8–18.45 Uhr; Okt.–März 8–16.45 Uhr | **Tipp** Jeden Dienstag und Freitag um 9.30 Uhr beginnt am Office de Tourisme, 218, Avenue Aristide-Briand, eine Führung mit Besichtigung des Cabanon von Le Corbusier (Kontakt: Office Municipal de Tourisme, Anmeldung erforderlich: Tel. 0033/(0)493356287, www.roquebrune-cap-martin.com).

73__Der Olivenbaum

Tausendjähriges Wurzelgeflecht

Es gibt wohl keine andere Pflanze, die so für die Vegetation und die Kultur des Mittelmeerraums steht wie der Olivenbaum (Olea europaea). Für den englischen Dichter Lawrence Durrell spiegelte sich gar die Schönheit der ganzen Mittelmeerwelt im Glanz einer einzigen schwarzen Olive wider.

Zuerst im östlichen Teil des Mittelmeeres heimisch, wurde der Ölbaum von den Griechen nach Italien, Sizilien und an die Küsten Südfrankreichs gebracht. Rund um die griechischen Kolonien entstanden ausgedehnte Olivenhaine, denn das Öl bildete die Grundlage der griechischen Küche, zudem wurde das Holz für Möbel und als Brennstoff verwendet.

Zwar spielt der Olivenanbau an der Côte d'Azur schon längst keine große Rolle mehr, doch kann sich Roquebrune rühmen, einen der weltweit ältesten Ölbäume zu besitzen. Rund 200 Meter östlich der Altstadt erhebt sich am Rande einer schmalen Straße ein mächtiger Olivenbaum mit einem Umfang von 16 Metern und einer Höhe von 13 Metern. Allein sein verknöchertes Wurzelgeflecht ist mehrere Meter breit und hat sich im Laufe der Jahrhunderte wie eine hölzerne Skulptur über die benachbarte Mauer gestülpt. Mit seinen silbrigen, teilweise ins Blaugrüne spielenden Blättern spendet der Baum selbst im Hochsommer angenehmen Schatten und wirkt in seiner archaischen Ursprünglichkeit heute geradezu exotisch.

Sein Alter wird auf über tausend Jahre geschätzt, womit der Olivier millénaire sicherlich zu den ältesten Olivenbäumen der Welt gezählt werden darf. Es gibt aber auch Botaniker, die vermuten, dass der Baum mehr als 2.000 Jahre alt sein könnte. Wenn man einmal hochrechnet, dass ein durchschnittlicher Olivenbaum jährlich zwischen 70 und 100 Kilo Oliven trägt, die wiederum jeweils rund zehn Liter Öl ergeben, so kann man sich ausrechnen, welch gigantische Menge Olivenöl der Baum von Roquebrune im Laufe seines Lebens produziert hat.

Adresse Chemin de Menton, 06190 Roquebrune-Cap-Martin | **Anfahrt** Roquebrune liegt 5 Kilometer östlich von Monaco einen Kilometer oberhalb der Küstenstraße (D 6007) und der D 2564. Der Olivenbaum liegt östlich des Dorfes und ist über die Rue de la Fontaine zu Fuß in 5 Minuten zu erreichen. | **Tipp** Von der Burg von Roquebrune, die wahrscheinlich jünger ist als der Olivier millénaire, hat man einen herrlichen Blick auf die Küste und das Cap Martin (täglich Juni–Sept. 10–13 und 14.30–19 Uhr; Okt.– Jan. bis 17 Uhr; Feb.–Mai bis 18 Uhr).

74__Die Villa E.1027

»Une maison charmante!«

Eileen Gray gilt als eine der wichtigsten Designerinnen des 20. Jahrhunderts. Ihre Tisch- und Lampenentwürfe aus Stahlrohr und Glas gelten bis heute als moderne Klassiker. Sie wurden vielfach plagiiert oder in Reeditionen produziert; Originale erzielen bei Versteigerungen im renommierten Auktionshaus Christie's Preise in Millionenhöhe.

Weniger bekannt ist, dass Eileen Gray auch als Architektin gewirkt hat, allerdings hat sie nur drei Häuser entworfen, die sie in verschiedenen Lebensphasen selbst bewohnt hat. Am berühmtesten ist die Villa E.1027, die Gray zwischen 1926 und 1929 am Cap Martin realisierte, wobei sich der geheimnisvolle Name E.1027 aus Abkürzungen zusammensetzt: E für Eileen sowie die Zahlen 10, 2 und 7, die für die Initialen ihres damaligen Lebensgefährten Jean Badovici sowie für das G von Gray stehen. Der weiße, L-förmige Flachdachbau mit raumhohen Fenstern gilt als Gesamtkunstwerk, das Natur und Architektur kongenial verbindet.

»Une maison charmante!«, begeisterte sich der Architekt Le Corbusier für den Entwurf der mit ihm befreundeten Designerin, deren Ferienhaus direkt über den schroffen Felsen thronte und mit seiner klaren Formensprache an ein Schiff erinnert. Nachdem sich Eileen Gray und Jean Badovici Anfang der 1930er Jahre getrennt hatten, überließ Gray ihrem ehemaligen Geliebten die zukunftsweisende Villa.

Ein späterer Erbe veräußerte die Einrichtung, nach seinem Tod war die Villa E.1027 schließlich jahrelang dem Verfall preisgegeben. Vandalismus wütete, der Beton bröckelte, Risse zogen sich über die Wände, die Gitter und Fensterrahmen verrosteten. Glücklicherweise konnte das Haus vom Conservatoire du littoral noch rechtzeitig erworben und behutsam renoviert werden. Nachdem die Arbeiten weitgehend abgeschlossen sind, soll die Villa ab Sommer 2015 wieder öffentlich zugänglich sein.

Adresse Plage de Buse, 06190 Roquebrune-Cap-Martin | **Anfahrt** Cap Martin liegt
5 Kilometer östlich von Monaco direkt an der Küstenstraße (D 6007). Vom Bahnhof
sind es nur 5 Fußminuten in östlicher Richtung. | **Tipp** Direkt oberhalb der Villa
E.1027 führt die Promenade Le Corbusier entlang. Auf dem herrlichen Küstenpfad
kann man das Cap Martin umrunden.

75__Der Grenzbahnhof

Ein Monumentalbahnhof in der Provinz

Wer kennt sie nicht, die kleinen einsamen Provinzbahnhöfe? Nur ein paarmal am Tag fährt ein Zug ein; wenn man Glück hat, gibt es ein kleines Bahnhofshäuschen oder zumindest einen Platz, der ein wenig Schatten und Schutz vor schlechtem Wetter verspricht.

Wer mit ähnlichen Erwartungen in Saint-Dalmas-de-Tende aus dem Zug steigt, wird sich über den außergewöhnlich großen Bahnhof wundern, der eher in eine Stadt wie Nizza passen will und in dem kleinen Dorf merklich deplatziert wirkt. Wahrscheinlich würden alle Einwohner von Saint-Dalmas bequem in dem Bahnhofsgebäude Platz finden, das an ein zweiflügeliges Schloss erinnert.

Das in einer Höhe von 696 Metern über dem Meer gelegene Saint-Dalmas-de-Tende ist eine Station an der von Nizza über Sospel in das italienische Cuneo führenden »Tendabahn« (siehe Seite 18). Mit deren Bau wurde 1910 begonnen, wobei zahllose Viadukte und Tunnel geschaffen werden mussten, damit die Eisenbahn die unwegsamen Seealpen durchqueren konnte.

Der Bahnhof von Saint-Dalmas-de-Tende war damals allerdings nicht irgendeine Bahnstation, sondern der italienische Grenzbahnhof. Bevor die Bahnlinie im Oktober 1928 endlich in Betrieb genommen wurde, ließ Mussolini im damaligen San Dalmazzo dieses für seine Ära typische monumentale Bauwerk errichten. Bis 1947 verlief die Grenze zwischen Frankreich und Italien mitten durch das obere Royatal. Erst durch eine Volksabstimmung, bei der der höhere Lebensstandard die ausschlaggebende Rolle spielte, wurde San Dalmazzo zu Saint-Dalmas und Frankreich ein Stück größer. In den Einfärbungen des örtlichen Dialekts leben die italienischen Wurzeln jedoch bis heute fort. Die Bahnlinie wie auch der Bahnhof von Saint-Dalmas wurden im Zweiten Weltkrieg beschädigt. Während die Tenda-Linie seit 1979 wieder ins italienische Cuneo fährt, bröckelt der überdimensionierte Grenzbahnhof weiter vor sich hin.

Adresse 06430 Saint-Dalmas-de-Tende | **Anfahrt** Saint-Dalmas-de-Tende liegt im Roya-Tal rund 40 Kilometer von der Küste entfernt an der E 74. | **Tipp** Vom Bahnhof aus schlängelt sich eine kleine Straße (D 91) bis zum 1.390 Meter hoch gelegenen Lac des Mèsches. Der Stausee eignet sich gut als Ausgangspunkt für Erkundungen des Mercantour-Nationalparks und der Felszeichnungen in der Vallée des Merveilles.

76__Das Fort

Der südlichste Punkt der Maginot-Linie

Sainte-Agnès gehört nicht nur zu den schönsten Orten Frankreichs, das in 754 Meter Höhe auf einem Ausläufer der Seealpen gelegene Bergdorf gilt zudem als das höchstgelegene Küstendorf Europas. Es befindet sich nur wenige Kilometer vom Mittelmeer entfernt, doch selbst geübte Wanderer benötigen von Menton aus zwei schweißtreibende Stunden bis hinauf zu der mittelalterlichen Siedlung, die sich wie ein Adlerhorst an eine Bergkuppe schmiegt.

Die einzigartige Lage von Sainte-Agnès fiel auch den französischen Militärstrategen ins Auge, als man begann, die Grenzen zu den östlichen Nachbarländern mit einem aus mächtigen Bunkern und Kasematten bestehenden Verteidigungssystem abzusichern. Diese nach dem damaligen französischen Verteidigungsminister André Maginot benannte Linie sollte die Nachbarn von Angriffen abhalten und sie gegebenenfalls abwehren.

Von 1931 bis 1934 wurde Sainte-Agnès als südlichster Punkt der Maginot-Linie ausgebaut. Am südlichen Rand des Dorfes ragen die mächtigen Geschützbastionen des Forts noch immer eindrucksvoll aus dem Fels, in den sie bis zu einer Tiefe von 55 Metern regelrecht hineingebohrt wurden. In der völlig autarken Festung konnten bis zu 300 Soldaten stationiert werden; es gab in dem unterirdischen Komplex nicht nur Küchen und Schlafräume, sondern sogar ein Krankenhaus mit Operationssaal. Im Juni 1940 trat dann der Ernstfall ein: Als Mussolinis Truppen die französische Grenze überschreiten wollten, wurden sie vom Fort Sainte-Agnès aus unter Beschuss genommen und zum Rückzug gezwungen; die französische Kapitulation ließ sich dennoch nicht verhindern.

Noch bis zum Jahr 1990 wurden die Festungsanlagen militärisch genutzt. Erst dann wurde die Festung der Gemeinde Sainte-Agnès übergeben, die das Areal als Museum für Besucher öffnete. Heute kann man die einstigen Geschützstände und Unterkünfte auf eigene Faust erkunden.

Adresse Avenue du Château, 06500 Sainte-Agnès | **Anfahrt** Sainte-Agnès ist von Menton über die D 22 zu erreichen, das Fort befindet sich am Ende der Stichstraße. | **Öffnungszeiten** Juni–Sept. täglich 10.30–12 und 15–19 Uhr; Okt.–Mai Sa und So 14.30–17.30 Uhr | **Tipp** Das Restaurant Le Righi in Sainte-Agnès besitzt nicht nur eine herrliche Panoramaterrasse, sondern ist bekannt für seine frischen selbst gemachten Nudeln (Mittwoch Ruhetag, Tel. 0033/(0)492109088, www.restaurant-lerighi.fr).

77 __ Das Denkmal für Leopold II.

Für unseren Freund, den Kongoschlächter

Das noble Cap Ferrat war bis ins 19. Jahrhundert hinein noch eine von der Zivilisation weitgehend unberührte Halbinsel. Zu den ersten Berühmtheiten, die sich auf der Landzunge niederließen, gehörte neben der Kunstsammlerin Béatrice de Rothschild auch Leopold II. Der belgische König erwarb ein riesiges Grundstück und ließ sich eine prächtige Villa errichten, die im Jahre 2010 in die Schlagzeilen geriet, weil sie ein russischer Oligarch für 390 Millionen Euro erwerben wollte. Wem dieser Preis schon überteuert erscheint, dem sei gesagt, dass es sich nicht einmal um das gesamte königliche Anwesen handelte. Der größte Teil des einstigen Parks sowie die Villen der drei Mätressen und das Domizil für den Beichtvater standen gar nicht mehr zum Verkauf.

Leopold liebte die Côte d'Azur: Es war nicht nur die mediterrane Landschaft, die es ihm angetan hatte – er war auch dem Glücksspiel verfallen und schätzte die Nähe zum Casino von Monte Carlo. Spielgeld besaß er genug, denn zu seinem Privatbesitz gehörte seit 1885 auch der zentralafrikanische Kongo, den er bis zu seinem Tode rücksichtslos ausbeuten ließ. Die Kongolesen wurden jahrzehntelang bis »aufs Blut« ausgebeutet, gefoltert, verstümmelt und ermordet. Seriöse historische Schätzungen gehen inzwischen davon aus, dass Leopolds Kolonialherrschaft rund zehn Millionen Opfer forderte und die Bevölkerung des Kongos sich in dieser Zeit halbierte!

Interessanterweise fanden sich im Jahre 1911 »Quelques amis de la Côte d'Azur« zusammen, um ihrem zwei Jahre zuvor verstorbenen königlichen Freund mitten auf der Halbinsel ein Denkmal errichten zu lassen, das bis heute am Straßenrand steht. Ein bronzenes Porträt im Halbprofil zeigt den Kongoschlächter mit seinem Bart, den er übrigens beim Schwimmen im Meer stets in ein spezielles Gummifutteral stopfte, um ihn vor dem Wasser zu schützen.

A
LA MEMOIRE
DU ROI DES BELGES
LEOPOLD II
HOTE DU CAP FERRAT

QUELQUES AMIS
DE LA COTE D'AZUR
1911

Adresse Boulevard du Général de Gaulle, 06230 Saint-Jean-Cap-Ferrat | **Anfahrt**
Saint-Jean-Cap-Ferrat liegt 7 Kilometer östlich von Nizza, die D 125 führt direkt über
das Cap Ferrat. | **Tipp** Auf der Halbinsel befindet sich noch die Villa Ephrussi, ein
imposantes Anwesen mit einer herrlichen Gartenanlage (www.villa-ephrussi.com).

78_Die Villa Santo Sospir

Das tätowierte Haus

Die Halbinsel von Cap Ferrat gehört zu den nobelsten Ecken an der Côte d'Azur. Distinguiertes Flair zwischen hohen abweisenden Mauern. Auf dem schmalen, nur wenige hundert Meter breiten Isthmus steht die Villa Ephrussi de Rothschild mit ihren berühmten Gartenanlagen. Während sich vor deren Toren die Reisenden drängen, interessieren sich nur die wenigsten Touristen für die versteckt gelegene Villa Santo Sospir.

In diesem weitgehend unbekannten Kleinod am südwestlichen Rand der Halbinsel lebte die Mäzenatin Francine Weisweiller, die eng mit Jean Cocteau befreundet war und ihn wiederholt bei seinen Filmprojekten unterstützt hatte. Nachdem Cocteau die anstrengenden Dreharbeiten für »Die schrecklichen Kinder« beendet hatte, lud sie ihn im Mai 1950 in ihre Villa auf Cap Ferrat ein, damit er sich erholen könne. Man genoss einen unbeschwerten Sommer, Jean Marais kam vorbei, und bei schönem Wetter unternahm man Segeltouren entlang der Küste.

Nach ein paar Tagen begann sich Cocteau zu langweilen und fragte Francine, ob er die Wand über dem Kamin bemalen dürfe. Durch die Begeisterung seiner Gastgeberin angespornt, ließ er seiner Kreativität freien Lauf und überzog fast sämtliche Wände der Villa mit einem Potpourri aus Fresken, Mosaiken und erotisch aufgeladenen Interieurs. Zufrieden befand Cocteau: »Santo Sospir ist eine tätowierte Villa.« Der Künstler blieb ein gern gesehener Gast auf Cap Ferrat, er drehte hier auch den Film »La Villa Santo Sospir« sowie Szenen für »Le Testament d'Orphée«.

Die Villa Santo Sospir wurde längst unter Denkmalschutz gestellt und zum Monument historique erklärt. Das Anwesen, das sich noch immer im Besitz der Familie Weisweiller befindet, kann besichtigt werden, sodass jeder in das Cocteau'sche Universum eintauchen kann: Hinter den Mauern öffnet sich eine mediterrane Phantasiewelt, deren Reiz man sich nur schwerlich entziehen kann.

Adresse 14, Avenue Jean Cocteau, 06230 Saint-Jean-Cap-Ferrat, www.villasantosospir.fr | **Anfahrt** Saint-Jean-Cap-Ferrat liegt 7 Kilometer östlich von Nizza, die D 125 führt direkt über das Cap Ferrat. Die Villa liegt am südwestlichen Zipfel der Halbinsel. | **Öffnungs-zeiten** täglich, aber nur nach Anmeldung unter Tel. 0033/(0)493760016 | **Tipp** Wer will, kann die gesamte Halbinsel auf einem Küstenweg in drei Stunden umrunden. Am besten startet man an der Plage de Passable und folgt dem »Chemin de Roy« in Richtung Süden.

79__Die Gedenktafel
Auf der Flucht vor den Nazischergen

Saint-Martin-Vésubie ist ein friedliches Bergdorf in den französischen Seealpen. Umrahmt von einem phantastischen Bergpanorama, vergisst man allzu leicht, welche Dramen sich hier während des Zweiten Weltkriegs ereignet haben.

Wie das gesamte Département Alpes-Maritimes gehörte auch Saint-Martin-Vésubie damals zur italienischen Besatzungszone Frankreichs, sodass die dort lebenden Juden einen gewissen Schutz vor dem Zugriff der Deutschen genossen. Die Italiener wiesen den Juden zwar bestimmte Aufenthaltsorte zu, aber sie weigerten sich trotz wiederholter deutscher Proteste, diese in die Vernichtungslager auszuweisen.

Doch nach dem Waffenstillstand mit Italien änderte sich die Situation schlagartig. Die Juden saßen gewissermaßen in der Falle und entschlossen sich, am 8. September 1943 ihr Heil in der Flucht zu suchen. Rund tausend Juden, darunter schwangere Frauen, Kinder und alte Menschen, versuchten verzweifelt, von Saint-Martin-Vésubie auf alten Saumpfaden über die Alpen ins italienische Piemont zu gelangen. Doch auch Italien war nicht mehr sicher, nachdem die deutschen Truppen dort am 12. September einmarschiert waren. Mit Hilfe der einheimischen Bevölkerung gelang es den meisten Flüchtlingen, sich dem Zugriff zu entziehen, doch knapp 350 der geflüchteten Juden wurden von der SS aufgegriffen und in Borgo San Dalmazzo interniert. Die Gefangenen wurden über die Stationen Nizza und Drancy in die Vernichtungslager Auschwitz-Birkenau deportiert, wo bis auf zehn Überlebende alle ermordet wurden.

Jahrzehnte später wurden in Saint-Martin-Vésubie und auf dem Col de Fenestre Gedenktafeln aufgestellt, um an den »biblischen Exodus« zu erinnern. Zwei Polizisten und ihren Gattinnen wurde zudem 2010 posthum der Ehrentitel »Gerechte unter den Völkern« verliehen, da sie trotz aller Gefahren zwei jüdische Kleinkinder in der Gendarmerie vor den Nazis versteckt hatten.

Adresse Route de la Vésubie, 06450 Saint-Martin-Vésubie | **Anfahrt** Saint-Martin-Vésubie liegt 65 Kilometer nördlich von Nizza an der D 2565. Das Denkmal ist vom Ortszentrum 150 Meter entfernt auf der rechten Seite. | **Tipp** Jedes Jahr um den 9. September werden Gedenk-Wanderungen auf den historischen Wegen veranstaltet, an denen zahlreiche Menschen teilnehmen.

ICI UN MILLIER DE «JUIFS»
HOMMES FEMMES ENFANTS VIEILLARDS
AIDÉS PAR LES ORGANISATIONS JUIVES
PROTÉGÉS PAR L'ARMÉE ITALIENNE D'OCCUPATION
ONT CONNU UN RÉPIT JUSQU'AU 8 SEPTEMBRE 1943
JOUR OÙ S'EST DÉCHAÎNÉE LA HAINE RACIALE
DE L'OCCUPANT ALLEMAND

FRANCHISSANT
LES MONTAGNES DANS UN «EXODE BIBLIQUE»
350 D'ENTRE EUX FURENT REPRIS PAR LES SS
ET INTERNÉS À BORGO SAN DALMAZZO
TRANSFÉRÉS PAR LA GESTAPO
DE NICE SUR DRANCY
ILS FURENT DÉPORTÉS AU CAMP DE LA MORT
D'AUSCHWITZ-BIRKENAU
OÙ PRESQUE TOUS FURENT EXTERMINÉS

SOUVENONS-NOUS DE CES VICTIMES INNOCENTES,
À CRUAUTÉ DE LEURS BOURREAUX,
DE L'HUMANITÉ DE CEUX

80__Der Bazar Mercerie

Sandeimer statt Juwelen

Saint-Tropez ist das Mekka der Reichen und Schönen. Manch einer, der entlang der Hafenesplanade oder durch die kleinen Gassen des Städtchens bummelt, trägt Uhren und Schmuck, deren Preise leicht mit einem Mittelklassewagen konkurrieren können. Es gibt kaum eine Nobelmarke, die in Saint-Tropez nicht mit einer eigenen Filiale vertreten wäre. In einer Handvoll Gassen drängen sich die Geschäfte von Cartier, Prada, Chanel, Hermès, Gucci und Dior auf engstem Raum. Wer braucht nicht noch schnell vor dem Abendessen eine Tasche von Louis Vuitton oder den neuesten Fummel von Zadig et Voltaire? In Saint-Tropez bleibt kein Wunsch unerfüllt – vorausgesetzt man verfügt über das nötige Kleingeld.

Ganz Saint-Tropez in der Hand von Nobelmarken? Nein, ein kleines Geschäft leistet einen ebenso sympathischen wie erbitterten Widerstand: Mitten in der Rue Gambetta gibt es den »Bazar Mercerie«, einen altertümlichen Laden, der wie aus der Zeit gefallen wirkt. »Chez Eugenie« steht in geschwungenen Lettern auf der bordeauxroten Fassade, und an den Ständern vor dem Haus werden Miniaturautos, buntes Strandspielzeug, Strandmatten und -körbe feilgeboten, billige Plastikbälle baumeln in Netzen.

Der Bazar Mercerie wurde kurz vor dem Zweiten Weltkrieg von der Großmutter der heutigen Besitzerin Eugenie eröffnet. Seit mehr als einem Dreivierteljahrhundert werden hier Kinderträume wahr. In dem herrlichen Durcheinander finden sich noch so manch antiquiertes Brettspiel und so manch altertümliche Spielfigur. Bei der erstklassigen Lage ist es kein Wunder, dass schon mehrfach Investoren mit einem dicken Scheckheft angeklopft haben, doch Eugenie hat bisher alle lukrativen Angebote ausgeschlagen und so eine der letzten authentischen Ecken von Saint-Tropez vor dem Zugriff des Kommerzes bewahrt. Und der wahre Snob schindet mit einem Sandförmchen von Eugenie mehr Eindruck als mit einer Uhr von Cartier.

Chez Eugenie **BAZAR MERCERIE**

Adresse 16, Rue Gambetta, 83990 Saint-Tropez | **Anfahrt** Die Rue Gambetta liegt nur 100 Meter hinter dem Alten Hafen. | **Öffnungszeiten** April–Okt. täglich 9–19 Uhr | **Tipp** Le Rucher de Saint-Tropez, das kleine auf Honig spezialisierte Geschäft in der Rue François Sibilli 30, betreibt auch einen Stand auf dem Markt von Saint-Tropez (Di und Sa).

81__Das Café Sénéquier

Sehen und gesehen werden

Der Alte Hafen von Saint-Tropez ist schlicht »the place to be«. Hier liegen die teuersten Yachten vor Anker, hier bummeln alle Touristen mindestens einmal auf und ab, hier sieht man die tiefsten Dekolletés und die kürzesten Röcke. Ein hervorragender Platz, um das Treiben zu beobachten, ist das Café Sénéquier. Dort sitzt man gewissermaßen in der ersten Reihe, denn das Lokal liegt direkt an der Hafenpromenade. Am beliebtesten sind daher die Plätze in der vordersten Reihe. Man kann das Café auch schwerlich verfehlen, da seine rote Markise und die roten dreieckigen Tische und Stühle schon von Weitem auszumachen sind.

Das Café Sénéquier ist eine Institution. Es ging aus einer 1887 von Marie und Martin Sénéquier eröffneten Bäckerei hervor, die erst um eine Pâtisserie, dann 1930 um ein Café mit großer Sonnenterrasse erweitert wurde. Nachdem dieses 1944 bei der Bombardierung des Hafens zerstört worden war, wurde es weitgehend rekonstruiert und 1948 wiedereröffnet – gerade rechtzeitig, um den von Brigitte Bardot in die Wege geleiteten Aufstieg von Saint-Tropez zum Ort der High Society zu begleiten.

Zu den Gästen gehörten Errol Flynn, Pablo Picasso, Miles Davis, Jean-Paul Sartre und selbstverständlich auch Brigitte Bardot. Allerdings ist es Teil der Philosophie des Sénéquier, dass auch prominente Gäste nicht gestört und wie jeder andere bedient werden. Mit anderen Worten: Das Sénéquier ist der ideale Ort, um entspannt einen Café Crème oder Aperitif zu trinken und den Puls von Saint-Tropez zu fühlen. Ein günstiges Vergnügen ist dies allerdings nicht.

Von hier gibt es übrigens einen direkten Zugang zur traditionsreichen Pâtisserie, die für ihr weißes und besonders zartes Nougat berühmt ist. Es wird nach einem geheimen Familienrezept zubereitet, und nur diese Zutaten werden verraten: provenzalischer Honig, spanische Mandeln und Pistazien aus Sizilien.

Adresse Quai Jean Jaurès, 83990 Saint-Tropez, www.senequier.com | **Anfahrt** Das Café befindet sich direkt am alten Hafen. | **Öffnungszeiten** täglich April–Sept. 8–2 Uhr; Okt.–Mitte Nov. und Mitte Dez.–März 8–18.30 Uhr | **Tipp** Wer das Café von der Terrasse aus betritt, gibt sich sofort als Fremder zu erkennen. Die Einheimischen kommen dezent über den Gang, der hinter der Terrasse verläuft.

82 Gendarmerie Nationale

Die berühmteste Gendarmerie Frankreichs

Louis de Funès gilt bis heute als der populärste französische Komiker. Sein Markenzeichen waren seine grotesken Grimassen und seine cholerischen Anfälle, die er in der Kriminalkomödie »Fantomas« und vor allem als Polizeichef Ludovic Cruchot in »Der Gendarm von Saint-Tropez« perfektionierte. Wer jemals einen seiner Gendarmen-Filme gesehen hat, vergisst den unerbittlichen Pfiff von Cruchots Trillerpfeife so schnell nicht mehr.

Im Jahre 1964 tobte der unvergessliche Komiker erstmals als Polizeichef über die Kinoleinwand, stets bemüht, dem drohenden Verfall der Sitten Einhalt zu gebieten und am Tahiti-Strand das Nacktbadeverbot durchzusetzen, aber auch Falschparkern und Temposündern wurde gestenreich das Handwerk gelegt. Fünf weitere Filme folgten, die nicht nur den Ruhm von Louis de Funès mehrten, sondern auch Saint-Tropez' Hafenkulisse perfekt in Szene setzten. Zusammen mit Brigitte Bardot hat de Funès das Image des Hafenstädtchens entscheidend mitgeprägt. Noch heute kursieren in Saint-Tropez zahlreiche Anekdoten rund um die Dreharbeiten zu den berühmten Filmen. Gerne erzählt wird die Geschichte von dem Bauern aus Ramatuelle, der angesichts einer fliegenden Untertasse so erschrak, dass er seine Ente ins Hafenbecken lenkte und dabei fast ertrunken wäre. – Leider hatte niemand dem Mann mitgeteilt, dass gerade eine Szene von »Louis' unheimliche Begegnung mit den Außerirdischen« gedreht wurde …

Die Gendarmerie ist längst umgezogen, doch das noch vorhandene alte Gebäude der Gendarmerie Nationale wurde zum Kultobjekt. Tag für Tag lassen sich zahllose Menschen vor dem unlängst nachgemalten Gendarmerie-Schriftzug und den geschlossenen Fensterläden ablichten. Da das touristische Interesse bis heute nicht nachgelassen hat, wird hier in naher Zukunft ein Museum für Filmgeschichte eröffnet werden, in dessen Mittelpunkt natürlich Frankreichs berühmtester Polizeichef steht!

GENDARMERIE NATIONALE

Adresse Place Blanqui, 83990 Saint-Tropez | **Anfahrt** Zwei Fußminuten vom Parking du Nouveau Port entfernt. | **Tipp** Ein weiterer bekannter Drehort ist die malerische Chapelle Saint-Anne, die als Kulisse für die Hochzeitsszenen im Film »Balduin, der Heiratsmuffel« (Originaltitel: Le Gendarme se marie) diente. Sie liegt auf dem Gemeindegebiet von Ramatuelle, 5 Kilometer südlich von Saint-Tropez.

83__Das Hotel La Ponche

»Und immer lockt das Weib«

Saint-Tropez und Brigitte Bardot – eine leidenschaftliche Beziehung, die 1955 bei den Dreharbeiten zu »Und immer lockt das Weib« (Et Dieu créa la femme) begann und bis heute anhält.

Damals drehte der junge Roger Vadim jenen Film, der Brigitte Bardot dank ihres einzigartigen Schmollmundes zum Weltstar machte und Saint-Tropez für immer auf der touristischen Landkarte verankerte. Der Skandal war wohl inszeniert: Bereits in der zweiten Einstellung sieht man die junge Bardot nackt, sich in der Sonne rekelnd. Und so geht es munter freizügig weiter: Als unschuldig naives Waisenmädchen Juliette springt »B.B.« gut gelaunt und barfuß über den Strand von Saint-Tropez, um mit ihrer unnachahmlichen Laszivität die Männerherzen zu brechen und sich und ihre trotzigen Lippen zu einem Mythos zu formen. Schon wenige Wochen nach dem Kinostart galt Saint-Tropez als wahres Sündenbabel, wo halb nackte Frauen enthemmt Mambo tanzen. Jeder wollte nun natürlich just aus diesem Grund hierher, obwohl es in dem Städtchen damals noch ziemlich prüde zuging.

Das Hotel la Ponche war damals noch eine einfache Fischerbar im gleichnamigen Viertel, zu deren Gästen auch Boris Vian und Simone de Beauvoir gehörten. Über der Bar gab es ein paar bescheidene Zimmer, in denen sich das Filmteam um Roger Vadim während der Dreharbeiten einmietete. Für Brigitte Bardot war das La Ponche ein mythisches Hotel, »wo wir uns einst wie zu Hause fühlten, das Françoise Sagan, Juliette Gréco und eine ganze Bande von lustigen Kumpanen beherbergte … Das waren die guten alten Zeiten, wo man sorglos war, wo alles einfach und ehrlich war.« Keine Frage: Brigitte Bardot hatte eine besondere Beziehung zu dem Hotel, in dem sie auch die erste gemeinsame Nacht mit ihrem zukünftigen Ehemann Gunter Sachs verbrachte. Als Hommage an die große Schauspielerin wurde zwei Jahrzehnte später eine Suite nach ihr benannt.

Adresse 5, Rue des Remparts, 83990 Saint-Tropez, Tel. 0033/(0)494970253, www.laponche.com | **Anfahrt** Das Hotel liegt 5 Fußminuten hinter dem Alten Hafen. Nächster Parkplatz: Place des Lices. | **Tipp** Wer will, kann natürlich noch immer auf den Spuren von B.B. durch Saint-Tropez wandeln, sich in ihr einstiges Lieblingsbistro »Le Gorille« setzen oder bis zur Plage des Cannebiers laufen, wo nur ein paar Schritte hinter dem Strand ihre Villa La Madrague steht.

84__Der Küstenpfad

Eine herrliche Wandertour um die Halbinsel

Zum Wandern nach Saint-Tropez? Der Vorschlag erscheint auf den ersten Blick ein wenig skurril, eine Wanderung ist aber die schönste Möglichkeit, die Halbinsel von Saint-Tropez mit ihren berühmten Stränden kennenzulernen.

Wer der Hektik des Promistädtchens rund um den berühmten Yachthafen überdrüssig ist, wird überrascht sein, wie schnell man entlang der Küste seine Ruhe hat und auch viel Natur erleben kann, denn entlang des Wanderpfads findet sich eine typische mediterrane Vegetation mit Nelken, Malven, Disteln, Wegwarte und der wilden Möhre. Mit anderen Worten: Es lohnt sich, die Halbinsel auf einem Küstenpfad zu umwandern.

Der Weg führt anfangs direkt oberhalb des Cimetière Marin (Friedhof) entlang, bevor man an der Plage des Graniers bereits in ein herrliches Strandrestaurant einkehren kann. Dann geht es entlang der Bucht zur Plage des Canebiers. Dies ist der Strand aller Fans von Brigitte Bardot, denn ihre berühmte Villa La Madrague liegt nur ein paar Schritte entfernt.

Ein paar kleine versteckte Buchten locken rund um die Pointe de la Rabiou, dann erreicht man die weitgehend naturbelassene Plage des Salins. Jetzt ist es nicht mehr weit zum berühmtesten Strand der Côte d'Azur: An der goldgelben Plage de Pampelonne liegen die Reichen und Schönen in der Sonne oder treffen sich zum Essen im berühmten Strandrestaurant Club 55. Der nördliche Teil des Strandes ist auch unter dem Namen Tahiti-Plage bekannt. Wer will, kann noch weiter bis zum Cap Lardier wandern. Dort, an der Südspitze der Halbinsel von Saint-Tropez, findet man einige relativ einsame, felsige Buchten mit glasklarem Wasser, in denen man auch herrlich tauchen und schnorcheln kann. Dadurch dehnt sich die Wanderung dann aber zu einer anstrengenden Tagestour aus. Für den Rückweg empfiehlt es sich, auf die Dienste eines Taxifahrers zurückzugreifen.

xxxxx

Adresse 83990 Saint-Tropez | **Anfahrt** Am Ende des Alten Hafens beginnt der gelb markierte Küstenwanderweg an dem markanten Rundturm (Tour du Portalet). | **Tipp** Badesachen nicht vergessen! Ausreichend Getränke mitnehmen. An der Plage des Graniers gibt es ein nettes Strandrestaurant (täglich 12–23 Uhr, www.plagedesgraniers.com).

85 Die Maison des Papillons

Im Haus der Schmetterlinge

Wer will schon wegen der Yachten oder des alten Hafens nach Saint-Tropez? Schließlich gibt es hier doch ganz andere Highlights zu entdecken, so beispielsweise die Maison des Papillons. In einer schmalen Gasse unweit des Meeres versteckt sich hinter einer unscheinbaren Tür eine faszinierende Schmetterlingssammlung, die der Maler und leidenschaftliche Lepidopterologe Dany Lartigue in den letzten Jahrzehnten in Frankreich und auf der ganzen Welt gejagt und gesammelt hat.

Insgesamt umfasst die so farbenfrohe wie einzigartige Sammlung mehr als 25.000 Exemplare. Neben exotischen Arten aus Afrika, dem Amazonasgebiet und aus Peru sind auch heimische Schmetterlinge zu bewundern, die Dany Lartigue aus den Schluchten des Verdon oder wie den Schwarzen Apollo aus dem Mercantour-Nationalpark mitgebracht hat. Das Museum fasziniert vor allem durch die ungewöhnliche Präsentation: Die Anordnung der Schmetterlinge folgt mehr ästhetischen als wissenschaftlichen Gesichtspunkten. Meist sind die Tiere mit ihrer ganzen Farbenpracht zu Collagen arrangiert, die Hintergrundtableaus wurden von Lartigue kunstvoll in Szene gesetzt.

Da die Maison des Papillons in einem für Saint-Tropez typischen Wohnhaus aus dem 19. Jahrhundert untergebracht ist, bekommen die Besucher gleichzeitig einen Einblick in den Aufbau eines traditionellen Hauses, dessen größter Reiz sicherlich der so versteckte wie idyllische Innenhof ist. Zudem ist das Haus in gewisser Weise auch ein Familienmuseum, denn Dany Lartigue ist der Sohn des berühmten Fotografen Jacques Henri Lartigue, dessen Schnappschüsse von vorbeirasenden Rennautos zu den frühesten Momentaufnahmen gezählt werden. Daher hängen an den Wänden im Treppenhaus auch mehrere Schwarz-Weiß-Fotografien von Lartigue, wobei es sich meist um sommerliche Côte-d'Azur-Szenarien handelt, auf denen die glanzvolle Epoche der 1920er und 1930er Jahre festgehalten ist.

Adresse 9, Rue Etienne Berny, 83990 Saint-Tropez | **Anfahrt** In einer schmalen Gasse unweit des Alten Hafens gelegen. | **Öffnungszeiten** April–Sept. Mo–Sa 14.30–18 Uhr | **Tipp** Das in einer Kapelle am Hafen untergebrachte Musée de l'Annonciade präsentiert Werke von Matisse, Seurat, Dufy und Utrillo.

86__Der Parkplatz

Platz für 1.477 Blechkarossen

»Saint-Tropez, das sind 5.000 Einwohner und über fünf Millionen Touristen pro Jahr«, weiß Claude Maniscalo, der Direktor des städtischen Tourismusbüros, zu berichten. Dies ist einerseits eine gute Nachricht, denn – um in der Tourismussprache zu bleiben – Saint-Tropez gehört zu den beliebtesten Destinationen an der französischen Mittelmeerküste, andererseits bedeutet dies aber auch, dass Saint-Tropez unter dem Ansturm der Besucher leidet und sprichwörtlich aus allen Nähten platzt. An manchen Hochsommertagen bevölkern bis zu 100.000 Menschen das Hafenstädtchen und schieben sich durch die malerischen Gassen.

»Eine einzige Straße führt nach Saint-Tropez. Um von hier wieder abzureisen, muss man dieselbe nehmen. Aber möchten Sie jemals wieder abreisen?«, notierte die berühmte Schriftstellerin Colette bereits in den 1950er Jahren. Die Crux: Da die Besucher heute in der Regel mit dem eigenen Fahrzeug anreisen, steht man auf der Küstenstraße fast immer im Stau. Die letzten Kilometer zehren an den Nerven, denn im dichten Ferienverkehr geht es Stoßstange an Stoßstange nur schleppend voran.

Und wenn man dann endlich Saint-Tropez erreicht, ist das Erste, was die meisten Besucher zu Gesicht bekommen, nicht etwa der pittoreske Hafen mit seinen Yachten, sondern der Parking du Nouveau Port. Der Großparkplatz ist gewissermaßen das Auffangbecken für gestrandete Blechkarossen. Exakt 1.477 markierte und kostenpflichtige Parkplätze stehen dort auf einer Fläche von mehreren Fußballfeldern zur Verfügung. Alljährlich nimmt Saint-Tropez hier mehr als vier Millionen Euro an Parkgebühren ein! Damit ist der Parking du Nouveau Port die wichtigste Einnahmequelle im städtischen Haushalt. Doch es gibt Möglichkeiten, sich die Parkgebühren zu sparen: Man muss nur mit dem Boot anreisen. Wer keine eigene Yacht besitzt, kann von Saint-Maxime aus mit dem Schiff nach Saint-Tropez übersetzen.

Adresse Parking du Nouveau Port, Passage du Port, 83990 Saint-Tropez | **Anfahrt** Der Parking du Nouveau Port liegt in unmittelbarer Hafennähe. Man fährt auf der Avenue Général Leclerc in den Ort und biegt dann links ab. | **Öffnungszeiten** Der videoüberwachte Parkplatz ist selbstverständlich an 365 Tagen im Jahr rund um die Uhr geöffnet. | **Tipp** Es gibt am Place des Lices noch ein unterirdisches Parkhaus.

87_Die Place des Lices

Saint-Tropez von seiner unaufgeregten Seite

Place des Lices, 83990 Saint-Tropez – das sind Stars und Glamour, edle Yachten und schöne Frauen. Das einstige Küstendorf ist seit Jahrzehnten der beliebteste Treffpunkt der High Society an der Côte d'Azur. Hotels und Cafés lassen sich den Ruf der Stadt gerne mit einem Aufschlag bezahlen. Aber es gibt noch das andere Saint-Tropez, das Saint-Tropez der Einheimischen, die sich am frühen Morgen auf dem Markt oder beim Bäcker treffen.

Ein ganz besonderer Platz, um den Ort von seiner beschaulichen, unaufgeregten Seite zu erleben, ist die Place des Lices. Nur zwei Fußminuten vom Hafen entfernt, treffen sich hier die Boule-Spieler im Schatten der Platanen. Der sandige Platz ist ein fester Anlaufpunkt für all jene Südfranzosen, die ihrem Lieblingssport frönen wollen, selbst im Winter ist das Klackern der Boule-Kugeln zu hören. Jeder, der will, kann das illustre Treiben auf einer der Bänke verfolgen.

Der Schriftsteller und Filmregisseur Marcel Pagnol hat Boule oder Petanque gar als »das schönste Spiel, das Menschen je erfunden haben«, gerühmt. Die Regeln sind denkbar einfach: Gespielt wird mit zwei Mannschaften zu je zwei oder drei Personen, die jeweils drei Kugeln besitzen. Das Ziel ist es, die knapp 900 Gramm schweren Eisenkugeln möglichst nahe an das sechs bis zehn Meter entfernte »cochonnet« (»Schweinchen«), eine kleine Holzkugel, heranzuwerfen. Die Mannschaft, die zuerst 13 Punkte gesammelt hat, gewinnt die Partie. Oft werden mit bedeutungsschwerem Blick Zollstock oder Lineal gezückt, um den genauen Abstand zwischen den Kugeln zu ermitteln.

Und nachdem sie, zumindest gefühlt, den halben Tag auf dem Boule-Platz verbracht haben, treffen sich die Spieler anschließend auf einen Pastis oder auf ein Gläschen Wein in dem direkt an der Ecke der Place des Lices gelegenen Café des Arts. Die Stammspieler haben dort für ihre Utensilien sogar eigene Schränkchen!

Adresse Place des Lices, 83990 Saint-Tropez | **Anfahrt** Mitten im Ortszentrum gelegen, den Wegweisern zur gleichnamigen Tiefgarage folgen. | **Tipp** Am Dienstag- und Samstagvormittag wird auf der Place des Lices kein Boule gespielt, dafür wird ein bunter provenzalischer Markt abgehalten, wobei die Angebotspalette von Gemüse, Obst und Blumen bis hin zu Fleisch, Wurst, Käse und fangfrischem Fisch reicht.

88__Rondini

Im Sandalenparadies

Saint-Tropez ist in modetechnischer Hinsicht zwar nicht der Nabel der Welt, aber das ehemalige Fischerdorf setzte immer wieder ganz bestimmte Trends. So wurde beispielsweise »oben ohne« erst am Strand von Pampelonne in Saint-Tropez gesellschafts- beziehungsweise strandfähig.

Ein Klassiker sind die Sandales Tropezienne von Rondini, schicke Riemchensandalen, mit denen schon Kate Moss, Carla Bruni oder Michelle Obama durch den Sommer stolzierten. Das berühmte Sandalengeschäft wurde 1927 von dem italienischen Einwanderer Dominique Rondini gegründet. Damals wurde nur ein einziges Modell angeboten. Ja, damals war eine Sandale eben noch eine einfache Sandale. Aber dann kam Brigitte Bardot und lief neben Alain Delon in eben diesen Riemchensandalen durch den Ort. Fortan wollte jede Frau diese einfachen, aber robusten Schuhe haben, und Rondini kam mit der Produktion kaum mehr nach.

Die Sandales Tropezienne sind solide Handarbeit. Noch heute werden die Schuhe in der im hinteren Teil des Geschäfts gelegenen Werkstatt produziert. Man kann Rondini-Sandalen übrigens nur in Saint-Tropez kaufen. Kunden können sie aber auch per Post bestellen. Längst wurde die Angebotspalette deutlich erweitert. Im Atelier gibt es die Sandales Tropezienne in vielen Farben, Modellen und verschiedenen Ledersorten, sogar Leder-Flip-Flops (Sahariennes) werden gefertigt. Zudem sind auch Sandalen für Männer und Kinder im Angebot, wenngleich sich die Kreationen hauptsächlich an die Damenwelt richten, denn bekanntermaßen haben Frauen eine besonders innige Beziehung zu ihrem Schuhwerk. Preislich muss man mit mindestens hundert Euro rechnen, aber hinter jeder Sandale stecken auch eine Stunde Arbeit und exakt 46 Arbeitsschritte. Und zum Schluss cremt Alain Rondini, der das Geschäft in der dritten Generation führt, die Sandalen eigenhändig mit natürlichem Fett ein.

Adresse 18, Rue Georges Clémenceau, 83990 Saint-Tropez, www.rondini.fr | **Anfahrt** Die Rue Georges Clémenceau ist eine kleine Gasse zwischen dem Alten Hafen und der Place des Lices. | **Öffnungszeiten** Di–Sa 9.30–18.30 Uhr | **Tipp** Mit K. Jacques in der Rue Seillon 28 gibt es noch einen zweiten Sandalenhersteller in Saint-Tropez (täglich 10–13 und 15–19 Uhr, www.kjacques.fr).

89 Der Seemannsfriedhof

Ein Platz für die Ewigkeit

Allein die Lage ist ein Traum, fast möchte man behaupten, zum Sterben schön: Der ein paar Fußminuten südöstlich des Ortes gelegene Cimetière marin von Saint-Tropez erhebt sich nur wenige Meter über dem azurblauen Meer, dessen Rauschen deutlich zu vernehmen ist. Bei Sturm schlagen die Wellen gar bis an die Mauern. Keine Frage: Der Seemannsfriedhof gehört zu den stimmungsvollsten Friedhöfen Frankreichs.

Die im Jahr 1791 angelegte Begräbnisstätte ist durch ein Netz staubiger, leicht abschüssiger Korridore gegliedert, entlang derer sich die Gräber aneinanderreihen. »À mon père, à mon ami, à mon frère« und andere Widmungen kann man auf den kleinen Gedenktafeln aus Marmor und Messing lesen. Auf manchen Grabsteinen sind in Medaillons gerahmte Porträts der Verstorbenen angebracht. Erinnerungen in Sepia, von der Sonne ausgebleicht. Viele Grabinschriften nehmen Bezug auf das Meer und sind teilweise mit Bildern von Segelbooten verziert. Manche Gräber erzählen auch vom Schicksal der Seeleute, die in den Fluten des Meeres ertrunken sind.

Zu den Persönlichkeiten, die hier ihre letzte Ruhestätte fanden, gehören nicht nur Seemänner und Mitglieder der alteingesessenen Familien von Saint-Tropez, die ihre Herkunft auf Genueser Kaufleute zurückführen, sondern beispielsweise auch Blandine Liszt, eine Tochter von Franz Liszt, der Maler André Dunoyer de Segonzac, der Sänger Pierre Bachelet sowie der Schauspieler und Regisseur Roger Vadim, der mit seiner ersten Frau Brigitte Bardot in Saint-Tropez den Klassiker »Und immer lockt das Weib« gedreht hat. Auch das Grab von Brigitte Bardots Eltern ist auf dem Friedhof zu finden.

Vor allem am späten Nachmittag, wenn die Sonne tief steht, heben sich die weißen Grabsteine und Sarkophage kontrastreich von der dunkelblauen Wasseroberfläche ab und erzeugen die Illusion eines Schwebezustands zwischen Himmel und Meer. Wenn schon bis in alle Ewigkeit ruhen, dann hier am Golf von Saint-Tropez …

Adresse Chemin des Graniers, 83990 Saint-Tropez | **Anfahrt** Der Friedhof liegt östlich der Stadt in unmittelbarer Nähe der Zitadelle. | **Öffnungszeiten** täglich 10–18 Uhr | **Tipp** Oberhalb des Friedhofs liegt die Zitadelle von Saint-Tropez. Neben einer tollen Aussicht gibt es hier eine interessante Dauerausstellung zum Leben der Seeleute (täglich Okt.–März 10–12.30 und 13.30–17.30 Uhr; April–Sept. 10–18.30 Uhr).

90_Der Vizeadmiral

Der Schrecken der Meere

Irgendwie steht Pierre-André de Suffren ein wenig verloren am Hafen von Saint-Tropez. Zwischen dem illustren Treiben wirkt sein Denkmal seltsam deplatziert. An den Cafétischen gibt es kaum jemanden, der ihm Beachtung schenkt, denn die Blicke sind auf die riesigen Yachten am Hafen gerichtet. Sehen und gesehen werden – nur Vizeadmiral Suffren sieht niemand an.

Stellt sich die Frage, ob man den 1729 auf einem provenzalischen Schloss geborenen Adelsspross kennen muss. Die Antwort ist ein klares Ja: Pierre-André de Suffren war der dritte Sohn des Marquis de Saint-Tropez und einer der bedeutendsten französischen Seefahrer. Suffren ging schon früh zur Marine und machte dort Karriere. Im amerikanischen Unabhängigkeitskrieg schoss er im Hafen von Newport ein britisches Geschwader in Brand und wurde von den Engländern als »Schrecken der Meere« gefürchtet. Später wurde ihm als Kommandanten und Mitglied des Malteserordens der Titel »Bailli de Suffren« verliehen. Mit einem Geschwader von fünf Linienschiffen und zwei Fregatten wurde er in den Indischen Ozean geschickt, wo er den Niederländern im Kampf um die Kolonien in Afrika und Asien beistehen sollte. Mehrfach bot er der englischen Flotte mit seinen Schiffen erfolgreich Paroli und eroberte Trincomalee auf Sri Lanka. Zum Dank wurde Suffren vom französischen König Ludwig XVI. nach dem Frieden von Paris zum Vizeadmiral ernannt.

Militärhistoriker bezeichnen ihn als besten französischen Seekommandanten des 18. Jahrhunderts. Ihm zu Ehren wurden bis heute sieben Schiffe der französischen Marine auf den Namen Suffren getauft. Doch damit nicht genug: Auf Initiative Napoléon III. wurde für Pierre-André de Suffren im Jahre 1866 eine Bronzestatue an der Hafenmole errichtet, die man standesgemäß aus erbeuteten Kanonen gegossen hatte. Seither blickt der Vizeadmiral hier auf den Hafen von Saint-Tropez und das Meer.

Adresse Quay Suffren, 83990 Saint-Tropez | **Anfahrt** Direkt am Alten Hafen gelegen, das Auto am Parking du Port abstellen. | **Tipp** Es gibt auf der Halbinsel Saint-Tropez ein Hotel in der Avenue des Américains, das nach dem Vizeadmiral benannt wurde. Das Hotel de Bailli de Suffren ist ein Nobelhotel und bietet samt Pool und Gourmet-restaurant sicher mehr Komfort als der Admiral auf seinem Flaggschiff je hatte (Tel. 0033/(0)498044700, www.lebaillidesuffren.com).

91___Das Aussteigerdorf
Babytragetücher, Rastalocken und Bioapfelkuchen

Saorge ist ein typisches »Village perché« (siehe Seite 206) und klebt wie ein Adlerhorst hoch über dem Royatal an einem Berghang. Bedingt durch die Hanglage stapeln sich die mit violettem Schiefer gedeckten Häuser mehrere Etagen empor. Dazwischen schlängeln sich enge düstere Gassen, die durch schmale Treppenfluchten miteinander verbunden sind. Aus Platzmangel wurden die Häuser mehrfach aufgestockt, sodass die Eingänge oft auf verschiedenen Ebenen liegen. Jahrhundertelang beherrschte Saorge den Zugang zum Talgrund und kontrollierte damit die ins piemontesische Cuneo führende Handelsroute. Erst 1794 musste sich der Ort den republikanischen Truppen des Generals Masséna ergeben. Saorge verlor nicht nur seine strategische Bedeutung, sondern im Zuge der Landflucht auch große Teile seiner Bevölkerung.

Seit den 1960er Jahren wurde Saorge zunehmend von Aussteigern entdeckt, die sich in den leer stehenden Häusern oder den umliegenden Bauernhöfen niederließen. Nicht grundlos lässt der französische Skandalautor Michel Houellebecq ein Kapitel seines Romans »Elementarteilchen« in Saorge spielen, wohin sich die Hippie-Mutter des Protagonisten Bruno zum Sterben zurückgezogen hat. Und noch heute gibt es in dem Dorf eine bunte Alternativszene. Dies hat sich auch politisch niedergeschlagen: In keinem anderen Wahlbezirk im Département bekommen die Grünen mehr Stimmen als in Saorge.

Männer mit langen Bärten und Rastalocken gehören genauso zum Dorfbild wie Frauen, die ihre Babys in bunten Tüchern durchs Dorf tragen. Das soziokulturelle Zentrum ist La Petite Épicerie, ein traumhafter Tante-Emma-Laden mit angrenzendem Café. Es gibt nicht nur Eier, Oliven und Käse aus der Region, sondern auch selbst gebackenen Bioapfelkuchen und ein täglich wechselndes Mittagsgericht. Und das Schwarze Brett der Épicerie ist auch in Zeiten des Internets die wichtigste Informationsbörse.

Adresse 06540 Saorge | **Anfahrt** Saorge liegt 30 Kilometer nördlich von Menton an der ins italienische Cuneo führenden D 6204. | **Öffnungszeiten** Die Épicerie hat täglich geöffnet. | **Tipp** Das barocke ehemalige Franziskanerkloster am Ortsende besitzt einen schmucken, freskenverzierten Kreuzgang.

92__Chatwins Burg

Der letzte Rückzugsort des rastlosen Nomaden

Um Missverständnisse auszuschließen, gleich vorweg eine Richtigstellung: Bruce Chatwin war niemals der Besitzer des Châteaus von Seillans, dennoch war die Burg der letzte Rückzugsort des rastlosen Nomaden, der als Autor der Kultbücher »Traumpfade« und »In Patagonien« bis heute zu den bekanntesten Reiseschriftstellern der Welt gezählt wird.

Mächtig thront das Château auf einem Hügel über der Altstadt von Seillans. Die ältesten Teile der Burg stammen noch aus dem 11. Jahrhundert, doch wurde die Anlage später mehrfach umgebaut und erweitert. Im Laufe der Jahrhunderte gab es einen munteren Besitzerwechsel, darunter war auch die Comtesse de Savigny. Schließlich wurde das Château von der Autorin Shirley Conran erworben. Chatwin – der nicht nur mit der Ex-Ehefrau des Designers Sir Terence Conran eng befreundet, sondern auch zeitweise der Liebhaber ihres Sohnes Jasper war – nutzte das Château auf Shirleys Einladung ab Dezember 1986 als seinen ständigen Auslandswohnsitz. Auf der herrlichen Terrasse mit Blick auf die provenzalischen Hügel schrieb Chatwin an seinem Roman »Utz«, doch war es bereits damals schlecht um seine Gesundheit bestellt.

Obwohl der Krankheitsverlauf eindeutig war, bestritt Bruce Chatwin, der sich öffentlich nie zu seiner Homosexualität bekannt hatte, an Aids erkrankt zu sein. Stattdessen streute er die These von einem unerklärlichen Fieber und einem seltenen Pilz, der seine inneren Organe angegriffen habe. So gut es ging, bereiste er weiterhin die Welt, doch als sich sein Zustand immer mehr verschlechterte, zog sich Chatwin im Spätherbst 1988 nach Seillans zurück, wo er vergeblich auf Besserung hoffte. Zuletzt war er sogar auf ein Diktiergerät angewiesen, da er nicht einmal mehr schreiben konnte. Seine Kräfte schwanden rapide, sodass er am 16. Januar 1989 nach Nizza ins Krankenhaus gebracht werden musste, wo er zwei Tage später verstarb.

Adresse 83440 Seillans | **Anfahrt** Seillans liegt 20 Kilometer nordöstlich von Draguignan an der D 19 zwischen Fayence und Bargemon. | **Tipp** Am Aufgang zur Burg begeistert eine mysteriöse Bronzeskulptur: Der »Dragon de Seillans« ist ein Werk des Künstlers Yvan Ivanoff.

93___Les Deux Rocs

Ein Landhotel wie aus dem Bilderbuch

Wer auf der Suche nach dem perfekten Landhotel ist, sollte unbedingt nach Seillans reisen, denn das Les Deux Rocs kommt dem Ideal recht nahe. Ganz oben im Dorf neben der Burg wurde ein Herrenhaus aus dem 17. Jahrhundert in eine verführerische Herberge mit viel Patina verwandelt. Der Holzboden knarrt, die steinernen Treppen sind leicht abgeschrägt. Verteilt auf zwei Etagen gibt es ein Dutzend liebevoll eingerichtete Gastzimmer, die verschiedene Motive zieren. Jedes ist individuell mit Stofftapeten, antiken Möbeln und Porträtbildern eingerichtet, und auch die altertümlich anmutenden Bäder mit ihren teilweise frei stehenden Badewannen samt Löwenfüßen lassen keinen Komfort vermissen. Und glücklicherweise sprengt das Preisniveau auch nicht den Rahmen eines durchschnittlichen Drei-Sterne-Hotels.

Das nach den berühmten »Deux Rocs«, einer auffälligen zweigeteilten Felsformation, benannte Hotel strahlt zudem viel Flair und Herzlichkeit aus, denn Julie und Nicolas Malzac, die sich auf einer Hotelschule kennengelernt haben, sind überaus liebenswerte Gastgeber und um eine familiäre Atmosphäre bemüht. Im zugehörigen Restaurant, das nicht nur für Übernachtungsgäste geöffnet ist, versteht man sich auf provenzalische Köstlichkeiten auf hohem Niveau, mal traditionell, mal modern interpretiert.

Dem Hotel mehr als ebenbürtig ist die kopfsteingepflasterte Terrasse vor dem Haus. Neben einem steinernen Brunnen, in dem der Weißwein gekühlt wird, sind zwei Handvoll Tische mit Stühlen aufgestellt. Der Platz mit der herrlichen Aussicht auf die umliegenden Hügel ist gewissermaßen die luftige Erweiterung des Hotels, zwei majestätische Platanen spenden auch im Hochsommer ausreichend Schatten. Bei schönem Wetter wird auch das Frühstück draußen serviert, wobei es selbstverständlich hausgemachte Marmeladen gibt. Und sollte es wirklich einmal regnen, so treffen sich die Gäste im Salon vor dem heimeligen Kamin.

Adresse 1, Place Font d'Amont, 83440 Seillans, Tel. 0033/(0)494768732,
www.hoteldeuxrocs.com | **Anfahrt** Seillans liegt 20 Kilometer nordöstlich von
Draguignan an der D 19 zwischen Fayence und Bargemon. Das Hotel liegt am
oberen Dorfrand direkt neben der Burg | **Tipp** Lohnend ist auch ein Abstecher
zum Nachbarort Bargemon.

94___Das Genie der Bastille

Max Ernsts surrealistischer Totempfahl

Auf dem Bouleplatz von Seillans klackern die Kugeln aneinander, die Spieler sind mit Eifer bei der Sache, und kaum einer verschwendet einen Blick auf das »Genie der Bastille«. Dabei ist die Bronzeskulptur, die seit 1994 dort steht, ein Werk des großen surrealistischen Künstlers Max Ernst, der das verträumte Seillans 1964 als seinen Alterssitz gewählt hatte.

Zusammen mit Dorothea Tanning, seiner letzten Frau, lebte und arbeitete er anfangs unweit der Burg in einem Haus namens »La Dolce Vita«, dann zogen die beiden 1970 in eine oberhalb des Dorfes errichtete Villa mit Atelier und einem Swimmingpool in Schlüssellochform (Mas de Saint Roch). Heute erinnert dort noch ein eisernes von Max Ernst entworfenes Gartentor mit einem stilisierten Kopf an den großen Surrealisten. Nach Max Ernsts Tod (1976) hat Dorothea Tanning das beschauliche Seillans verlassen, um nach New York zurückzukehren. Als sie ihr provenzalisches Zuhause 1994 das letzte Mal besuchte, schenkte sie der Gemeinde die Stele »Le Génie de la Bastille«, die seither am Rande des örtlichen Bouleplatzes bewundert werden kann. Der Standort der Stele war nicht zufällig gewählt, denn Max Ernst hatte auf dem am Ortseingang gelegenen Platz gerne zusammen mit den Einheimischen Boule gespielt.

Die rund drei Meter hohe Säule, die von einem vogelartigen Mischwesen mit Schnabelnase, Stummelflügel und Kugelaugen gekrönt wird, entstand im amerikanischen Exil. Max Ernst lebte damals in Sedona in Arizona, wo er sich bei der Arbeit von den indianischen Totempfählen inspirieren ließ und die Skulptur neben seinem Haus aufstellte. Gleichzeitig dürfte der nie um einen Schalk verlegene Künstler mit diesem Werk, wie der Name der Skulptur bereits andeutet, die Freiheitssäule auf der Pariser Place de la Bastille parodiert haben. Weltweit gibt es zwölf ausgeführte Abgüsse. Einer davon glänzt in der südfranzösischen Sonne.

Adresse Place de la République, 83440 Seillans | **Anfahrt** Seillans liegt 20 Kilometer nordöstlich von Draguignan an der D 19 zwischen Fayence und Bargemon. Der Boule-platz befindet sich am westlichen Ortsrand, Parkmöglichkeiten vorhanden. | **Tipp** Im Musée Waldberg sind Lithografien von Max Ernst und Dorothea Tanning ausgestellt (April–Sept. Di–Fr 10–12.30 und 14–17.30 Uhr, Sa 14–17.30 Uhr).

95 Die Zollbrücke

Salz + Brücke = Reichtum

Sospel gehört zwar zu den größten Orten in den französischen Seealpen, doch macht die Gemeinde trotz ihrer mehr als 3.000 Einwohner einen recht verschlafenen Eindruck. Schwer vorstellbar, dass im Mittelalter mehr als dreimal so viele Menschen hier gelebt haben. Damit war Sospel die zweitgrößte Stadt in der Grafschaft Nizza! Sospel profitierte damals vor allem von seiner Lage, denn hier, wo sich das Flüsschen Bévéra ein breites Tal gegraben hat, kreuzten sich mehrere wichtige Handelsstraßen, darunter die nach Italien führende Route du Sel.

Dieser Salzstraße verdankte das Städtchen seinen Reichtum. Wer in Sospel die Bévéra überqueren wollte, musste einen Wegzoll bezahlen. Direkt über dem Fluss errichtete man eine Brücke samt Zollhaus, deren auffällige Silhouette längst das Wahrzeichen der Gemeinde ist. Sie ist allerdings nicht mehr im originalen Zustand erhalten, nachdem sie im Zweiten Weltkrieg im Oktober 1944 heftig bombardiert und schwer beschädigt wurde. Mühsam erfolgte die 1953 abgeschlossene Rekonstruktion, bei der man größtenteils auf die alte Bausubstanz zurückgreifen konnte.

Die Brücke war auch für die Gemeinschaft der Einheimischen wichtig, denn Sospel ist ein zweigeteilter Ort: Am rechten Ufer liegt der mittelalterliche Stadtkern mit der Cathédrale Saint-Michel, am linken der Stadtteil Saint-Nicolas, dessen Zentrum die mit Flusskieseln gepflasterte und von Arkaden gesäumte Place Saint-Nicolas ist, die noch an die italienische Vergangenheit von »Sospello« erinnert. Die Cathédrale beherbergt ein Altarblatt von François Bréa, einem Künstler, der wie sein bekannterer Onkel Louis Bréa im 16. Jahrhundert in der Grafschaft Nizza sowie in Ligurien gewirkt hat. Im Zentrum des Triptychons steht die von zwei Heiligen eingerahmte »Jungfrau der Unbefleckten Empfängnis«, ein Motiv, dem sich die Künstler im Zeitalter der Gegenreformation mit Vorliebe gewidmet haben.

Adresse 06380 Sospel | **Anfahrt** Sospel liegt an der D 2204 auf halbem Weg zwischen Nizza und Breil-sur-Roya. Die Brücke befindet sich mitten im Ort zwischen den beiden Stadthälften. | **Tipp** In unmittelbarer Nähe von Sospel liegt das Fort Saint-Roche, das zur Maginot-Linie gehörte (April–Okt. Sa und So 14–18 Uhr; in der Hochsaison Di–So 14–17 Uhr).

96__Das Museum der Wunder
Frühgeschichtliche Graffiti-Kunst

Wer völlig unbedarft auf der Landstraße durch das kleine Städtchen Tende fährt, wird sich wahrscheinlich über die auffällig weiß gekachelten Säulen mit rätselhaften Symbolen vor dem leicht zurückversetzten Museumsgebäude wundern. Eine Dauerausstellung für Graffiti-Kunst in den französischen Seealpen? Nein, keineswegs. Das Musée des Merveilles beschäftigt sich in geradezu mustergültiger Weise mit den Felszeichnungen, die man an den Hängen des Mont Bégo gefunden hat.

Das hoch oben in den Bergen gelegene »Tal der Wunder« (Vallée des Merveilles) und die angrenzenden Täler gelten als eines der größten europäischen Freilichtmuseen für Frühgeschichte. Vor 4.000 Jahren hatte die ligurische Urbevölkerung begonnen, Zeichnungen in den dunklen Fels zu ritzen. Die meisten der mehr als 35.000 Gravuren, die in einer Höhe von 2.100 bis 2.600 Metern angefertigt wurden, stammen aus den Jahren 1800 bis 1500 vor unserer Zeitrechnung (Bronzezeit). Anfangs dachte man, dass es sich um unbekannte Schriftzeichen handelt, doch inzwischen weiß man, dass die Bergbewohner realen Vorbildern nachempfundene Darstellungen in den Fels geritzt haben. Die Zeichnungen werden von der Forschung in vier teilweise miteinander korrespondierende Kategorien eingeteilt: Waffen und Werkzeuge, geometrische Figuren, Menschendarstellungen sowie Rinderhörner, die weit mehr als die Hälfte aller Zeichnungen ausmachen.

Im Musée des Merveilles werden neben archäologischen Funden (Werkzeuge, Gefäße et cetera) auch originalgetreue Abgüsse der eindrucksvollsten Felszeichnungen gezeigt. Die Dauerausstellung bietet zudem Einblicke in die Naturgeschichte sowie in die regionale Volkskunst, wobei mit Hilfe von Dioramen und grafischen Darstellungen die damaligen Lebensbedingungen anschaulich dargestellt werden. Ungeklärt bleibt aber, ob die Zeichnungen aus rituellen oder anderen Gründen angefertigt wurden.

Adresse Avenue du 16 Septembre 1947, 06430 Tende, www.museedesmerveilles.com | **Anfahrt** Tende liegt im Royatal, direkt an der nach Italien führenden E 74. | **Öffnungszeiten** Mai–15. Okt. Mo, Mi–So 10–18.30 Uhr (Juli, Aug. auch Di), im Winter Mo, Mi–So 10–17 Uhr; Mitte März und Mitte Nov. ist das Museum für jeweils 2 Wochen geschlossen | **Tipp** In rund 3 Stunden kann man im Sommer von Castérino zu den Felszeichnungen des Vallée des Merveilles hinaufwandern.

97__Der Tunnel du Col de Tende

3.182 Meter durch den Berg hindurch

Für diejenigen, die aus dem Norden über Turin und die Poebene an die Côte d'Azur reisen, stellt der Col de Tende das Eingangstor zu Frankreich dar. Direkt auf dem Scheitelpunkt des 1.871 Meter hohen Bergpasses verläuft die Grenze zwischen Italien und Frankreich. Jahrhundertelang mussten alle Waren – vor allem das begehrte Salz –, die für das italienische Piemont bestimmt waren, über die schmalen Saumpfade zum Col de Tende hinauftransportiert werden.

Heute lässt es sich kaum mehr nachvollziehen, wie beschwerlich einst die Überquerung des Alpenpasses gewesen sein muss. Der schottische Arzt und Schriftsteller Tobias Smollett war 1765 bei seiner Reise noch »sprachlos angesichts dieses berühmten und gefährlichen Berges«.

Sicherlich hat so mancher Händler schon damals gedacht, dass es durch den Berg einfacher und schneller gehen müsste als über den Pass, doch war dies noch ferne Zukunftsmusik. Doch in der zweiten Hälfte des 19. Jahrhunderts konkretisierten sich die Pläne für einen Straßentunnel. Dieser wurde schließlich 1882 nach mehr als neunjährigen Bauarbeiten fertiggestellt. Mit einer Länge von 3.182 Metern war der Tunnel bei seiner Eröffnung nicht nur der längste Straßentunnel der Welt, sondern auch der erste unter einem Alpenpass!

Obwohl der Tunnel du Col de Tende im Sommer täglich von 8.000 Fahrzeugen passiert wird, gehört er mit einer Breite von nur sechs Metern zu den gefährlichsten europäischen Straßentunneln. Weil er daher nur wechselseitig einspurig befahren werden darf, bilden sich immer wieder lange Staus vor den Ampeln. Um diesen eigentlich nicht akzeptablen Zustand zu beenden, wurde inzwischen mit dem Bau einer zweiten Röhre begonnen, die voraussichtlich im Jahre 2020 eröffnet werden soll. Im Zuge der Bauarbeiten wird auch die alte Röhre sicherheitstechnisch auf den modernsten Stand gebracht.

Adresse 06430 Tende | **Anfahrt** Der Tende-Tunnel liegt am nördlichen Ende der RN 204, die von Breil-sur-Roya nach Cuneo führt. | **Tipp** Lohnend ist nach wie vor die Fahrt über die 46 Kehren hinauf zum eigentlichen Pass. Allerdings sind die obersten 16 Kehren nicht asphaltiert, sodass sich die Schotterpiste am besten mit einem geländegängigen Fahrzeug oder einem Mountainbike bewältigen lässt.

98__Das rostbraune Raumschiff

Das Palais Bulles von Antti Lovag

Keine Sorge: Es sind keine Außerirdischen in Théoule-sur-Mer gelandet. Und es sind daher auch keine Raumkapseln, die da auf einem Hügel über dem Meer schweben, sondern es handelt sich um ein futuristisches Anwesen, das der französisch-ungarische Architekt Antti Lovag von 1975 bis 1991 für den Industriellen Pierre Bernard errichtet hat. Die Einheimischen bezeichnen das 1992 von dem Modeschöpfer Pierre Cardin erworbene extravagante Domizil dennoch liebevoll-sarkastisch als »rostbraunes Raumschiff«.

Der 2014 verstorbene Antti Lovag gilt mit seinen Kugelhäusern als ein Visionär der modernen Architektur. Sein Ziel war es, biomorphe Lebensräume zu schaffen, deren runde, von Höhlen und Iglus inspirierte Formen den menschlichen Bedürfnissen nach Geborgenheit gerecht werden sollten. Lovag forderte seinen Bauherren viel ab, da er sich weigerte, Kostenvoranschläge oder Pläne zu machen. Bei der Ausführung seiner Projekte bediente er sich eines Spinngewebes aus Stahl, das er mit einem Gemisch aus Kunststoff und Beton ummantelte. Der rotbraune Außenanstrich sollte wiederum mit den Farben des Esterel-Gebirges korrespondieren.

Das Palais Bulles war nicht als Wohnhaus, sondern als Kommunikationszentrum geplant. Insgesamt 25 Kugeln auf vier Ebenen umfassen eine Fläche von 1.200 Quadratmetern. Ein Labyrinth von Gängen verbindet Büroräume, ein Kino, eine Bibliothek sowie zehn Suiten, deren bullaugenähnliche Fensteröffnungen so angeordnet sind, dass sich dem Bewohner besondere Ausblicke auf die mediterrane Landschaft eröffnen. Die Küche wiederum wurde auf Schienen montiert, um sie problemlos ins Freie drehen zu können. Umgeben wird der »Palast« von einem üppigen Garten mit zwei Swimmingpools sowie einem Amphitheater mit 500 Zuschauerplätzen, das eine phantastische Aussicht auf die Bucht von Cannes.

Adresse Boulevard de l'Esterel, 06590 Théoule-sur-Mer, www.palaisbulles.com | **Anfahrt** Théoule-sur-Mer liegt an der Küstenstraße (D 6098), rund 5 Kilometer südwestlich von Cannes. | **Tipp** Lohnenswert ist eine Kurzwanderung zur 2 Kilometer weiter nordöstlich gelegenen Pointe de l'Aiguille, einem markanten, ins Meer ragenden Felsen mit angrenzendem Strand.

99_Das tibetanische Dorf
Gestapelt bis zum Himmel hinauf

Es müssten nur noch ein paar bunte Gebetsfahnen im Wind flattern, dann könnte man meinen, man befände sich auf einer tibetanischen Hochebene. Die ockerfarbenen Häuser von Touët-sur-Var stapeln sich an einer steilen Felswand den Hang hinauf. Ein im wahrsten Sinne des Wortes malerisches Szenario!

Keine Frage: Touët-sur-Var gehört zu den schönsten Dörfern im gesamten Département Alpes-Maritimes. Aufgrund seiner besonderen Lage konnte sich der Ort nicht weiter ausdehnen, sodass er sich sein altertümliches Aussehen bis heute bewahrt hat. Eine neuere Siedlung entstand im leichter zugänglichen Talgrund, wo sich seit 1888 auch der Bahnhof des Train des Pignes befindet. Über einen panoramareichen Pfad erreicht man das alte Dorf in zehn Minuten. Zum Schutz vor Feinden wurden die Häuser so aneinandergebaut, dass die Außenmauern eine kleine Festung bilden, die sich im Notfall auch verteidigen ließe. Im Inneren sind die teilweise überwölbten Gassen verschachtelt wie ein Labyrinth, sodass feindliche Angreifer die Orientierung verlieren sollten. Touët gilt dadurch als ein typisches Beispiel für ein sogenanntes »Village perché«.

Im Dorf selbst stößt man überall auf farbenfrohe Szenerien, so wurden inzwischen mehr als 70 Türen von Künstlern im Rahmen eines Projekts mit den unterschiedlichsten Motiven bemalt, wobei manche Meeresbilder dann doch etwas deplaziert anmuten. Und selbst auf einen ansprechenden Dorfplatz für das kleine Schwätzchen zwischendurch muss man nicht verzichten. Die meisten Häuser von Touët-sur-Var besitzen einen nach Süden hin offenen Dachboden, Soleilloir genannt, der traditionell zum Trocknen von Feigen genutzt wurde.

Mit einem kleinen Kuriosum kann die romanische Kirche aufwarten: Sie wurde über einem Gebirgsbach errichtet, den man durch eine Art abgedeckten Gully unter dem Mittelgang hindurch rauschen hören und sehen kann.

Adresse 06710 Touët-sur-Var | **Anfahrt** Touët-sur-Var liegt rund 55 Kilometer von Nizza entfernt im Tal des Var, direkt an der D 6202. | **Tipp** Bei einer Wanderung auf die Crête de la Chabasse hat man einen herrlichen Ausblick auf das Tal des Var.

100 Der Zöllnerpfad

Auf historischen Pfaden entlang der Küste

Eine der herrlichsten Möglichkeiten, um die Küste des Départements Var zu entdecken, ist eine Wanderung auf dem Zöllnerpfad (Sentier des Douaniers). Es ist kein Geringerer als Napoleon, dem dieser einzigartige Küstenpfad zu verdanken ist. Während seines Kaiserreiches wollte er einerseits die französischen Küsten vor einer Invasion schützen, andererseits die Kontinentalsperre gegen England durchsetzen und verhindern, dass Waffen, aber auch Salz, Tabak und andere Güter ins Land geschmuggelt werden. Aufgrund eines kaiserlichen Erlasses musste jeder Besitzer eines Küstengrundstücks dafür Sorge tragen, dass ein drei Meter breiter Pfad angelegt werden konnte. Bewaffnete Zöllner patrouillierten dann entlang der bis dahin meist unzugänglichen Küste, um die Aktivitäten der Schmuggler einzudämmen.

Napoleon und die Kontinentalsperre sind Geschichte, der Zöllnerpfad ist geblieben. Im Laufe der Zeit verwilderte der Pfad an den meisten Küstenabschnitten, stellenweise wurde er auch überbaut oder durch Mauern versperrt. Erst im Jahr 1976 erinnerte man sich an den Weg und machte ihn – soweit es möglich war – wieder begehbar.

Ein landschaftlich sehr ansprechender Abschnitt des Zöllnerpfads erstreckt sich östlich von Toulon und führt hinüber bis nach Hyères. Die Tour beginnt in dem beim Hafen gelegenen Stadtteil Mourillon, in dem einst vor allem die Offiziere und Kapitäne der Handels- und Marineschiffe lebten. Anfangs führt der Weg als Promenade hinter drei künstlich angelegten Badebuchten an der Rade des Vignettes vorbei. Doch bald mündet er in einen richtigen Wanderpfad, der in unmittelbarer Meeresnähe verläuft und bis zum Cap Brun führt. Anschließend geht es weiter zur Anse de Méjan, einer halbmondförmigen Bucht mit guten Bademöglichkeiten, in der man auch ein paar der beliebten als Sommerfrische genutzten Fischerhütten (Cabanons) bewundern kann.

Adresse 83000 Toulon | **Anfahrt** Toulon liegt im Westen der Côte d'Azur und ist auf mehreren Autobahnen schnell und leicht zu erreichen. Der Pfad beginnt am Littoral Frédéric Mistral, 1 Kilometer südöstlich des Hafens. | **Tipp** Nicht nur bei Toulon, auch zwischen Six-Fours und La Seyne-sur-Mer sowie zwischen L'Argentère und dem Fort Brégançon kann man auf den Spuren der Zöllner wandern.

101__Der Schmetterling

Erinnerungen an Bernard Buffet

Wie auf einem Präsentierteller klebt Tourtour an einem Berghang. Weit öffnet sich das Panorama bis hinunter zur Küste. Bereits die Kelten wussten dies zu schätzen, denn der Name Tourtour leitet sich von »tur« ab, der keltischen Bezeichnung für einen geografisch auffallenden Platz. Und die Fernsicht ist fürwahr beeindruckend: Bei guten Wetterverhältnissen reicht der Blick vom Golf von Saint-Raphaël bis zur Montagne Sainte-Victoire. Das Szenario vervollständigen ein wunderschöner Marktplatz, authentische Steinhäuser sowie die Reste einer mittelalterlichen Stadtbefestigung.

Mit anderen Worten: Tourtour ist der ideale Ort für einen Maler und Augenmenschen wie Bernard Buffet, der das Dorf 1986 durch Zufall entdeckte. Buffet richtete sich im Nordosten von Tourtour auf dem schmucken Landsitz Domaine de la Baume ein Atelier ein, in dem er zusammen mit seiner Frau Annabel bis zu seinem Tod lebte und arbeitete.

Buffet wird zu den renommiertesten französischen Malern des 20. Jahrhunderts gezählt, seine Werke gehören zum Fundus vieler bedeutender Museen wie der Londoner Tate Gallery oder dem Pariser Musée National d'Art Moderne. Seine dem Existenzialismus zugerechneten Bilder erzielten auf Kunstauktionen lange Zeit Höchstpreise, bevor seine Werke gegen Ende der 1960er Jahre als überbewertet galten und in den Depots verschwanden. Zuletzt führte Bernard Buffet ein weitgehend zurückgezogenes Leben jenseits der Kunstmetropolen. Als er aufgrund seiner fortschreitenden Parkinson-Erkrankung nicht mehr malen konnte, nahm er sich am 4. Oktober 1999 in seinem Haus das Leben.

Nach Buffets Tod vermachte seine Witwe der Gemeinde zwei riesige Bronzeskulpturen, die er in seinem Haus in Tourtour geschaffen hatte. Die modernen Darstellungen eines Schmetterlings sowie eines Käfers wurden dann auf einem Platz unweit des Rathauses aufgestellt.

Adresse Route d'Aups, 83690 Tourtour | **Anfahrt** Tourtour liegt 20 Kilometer westlich von Draguignan an der D 51. | **Tipp** In der Domaine de la Baume werden heute sehr ansprechende Zimmer als Chambres d'Hôtes vermietet (Tel. 0033/(0)457747474, www.domaine-delabaume.com).

102 — Die Wallfahrtskapelle

Sanctuaire de la Madone d'Utelle

Es gibt kaum eine Wallfahrtskapelle, die in den Tiefen einer Schlucht errichtet worden ist. Fast immer sind es wie in Utelle kleine Hügelkuppen oder Berggipfel, die von solch einem Gotteshaus gekrönt sind, so als befreie allein schon die Lage von der Last der weltlichen Dinge und der Schwere des Erdendaseins. Zudem sorgt die körperliche Anstrengung einer beschwerlichen Pilgerfahrt für ein eindringliches Erlebnis.

Der Wallfahrtsort Sanctuaire de la Madone d'Utelle wurde bereits in der Mitte des 9. Jahrhunderts von spanischen Seefahrern gegründet. Diese hatten, nachdem sie in einem schweren Sturm von einem hellen Stern ans rettende Ufer geführt worden waren, das Gelübde abgelegt, der Gottesmutter eine Kapelle zu weihen. Seither pilgern die Gläubigen zu dem 1.174 Meter hoch gelegenen Heiligtum hinauf. Die heutige Wallfahrtskirche ist jüngeren Datums und stammt aus dem Jahr 1806, da der Vorgängerbau bei Kämpfen der Revolutionstruppen zerstört wurde. Besonders viel Trubel herrscht alljährlich am Ostermontag, Pfingstmontag sowie am 15. August und am 8. September. Die Messe wird dann unter freiem Himmel abgehalten, und die Pilger werden mit einer herrlichen Panoramaaussicht belohnt, die im Norden bis zur Gipfelkette der Seealpen mit Mont Mounier, Cime de Argentera und Mont Bégo, im Süden bis zum Cap d'Antibes und den Lérinischen Inseln reicht.

Keine Sorge: Es gibt glücklicherweise auch eine sechs Kilometer lange und kurvenreiche Stichstraße, die sich von Utelle zu dem Plateau mit der Wallfahrtskapelle hinaufwindet. Oben angekommen, informiert eine detaillierte Orientierungstafel über die Namen der umliegenden Gipfel. Direkt neben der Kapelle bietet die Hôtellerie du Sanctuaire auf ihrer Gartenterrasse nicht nur Getränke und leckere Snacks, es gibt auch einen kleinen Laden mit regionalen Produkten und Souvenirs sowie ein paar günstige Betten zum Übernachten.

Adresse 06450 Utelle, www.madonedutelle.com | **Anfahrt** Vom Vésubie-Tal windet sich die D 32 nach Utelle hinauf. Anschließend sind es weitere sechs Kilometer zur Kirche. | **Öffnungszeiten** täglich 9–18 Uhr | **Tipp** Das unterhalb der Kapelle gelegene Dorf Utelle besitzt mit Saint-Véran ebenfalls eine schmucke Kirche mit einem reich verzierten Türflügel, der Szenen aus dem Leben des Heiligen zeigt.

103 Das Grab von Jean Marais

Der Schöne und das Biest

Jedes Grabmal ist stets auch eine Botschaft an die Nachwelt. Manche finden ihre letzte Ruhestätte unter einer schlichten Grabplatte oder lassen ihre Asche einfach im Meer verstreuen, andere wählen eine opulentere Variante, lassen sich in einem Hochgrab oder gar Mausoleum bestatten. Das Grab von Jean Marais wiederum ist eine letzte Hommage an einen seiner bekanntesten Filme: »La Belle et la Bête« (Die Schöne und das Biest), in dem Marais in einer Doppelrolle als Biest und schöner Prinz brillierte.

Wie sein Förderer und Lebensgefährte Jean Cocteau, so fühlte sich auch Jean Marais zeitlebens an der Côte d'Azur sehr wohl. Er verbrachte die Sommer anfangs in Villefranche-sur-Mer und am Cap Ferrat, später lebte er dauerhaft in Cabris. In diesem unweit von Grasse gelegenen Dorf ließ er sich nach eigenen Entwürfen eine Villa errichten, die er 20 Jahre lang, bis zu seinem Tod im Jahre 1998, bewohnte. Er kam damals oft nach Vallauris, wo er nicht nur töpferte und eine Kunstgalerie eröffnete, sondern auch ein Theaterfestival ins Leben rief. Die Stadtväter ernannten ihn zum Dank für sein kulturelles Engagement zum Ehrenbürger ihrer Gemeinde.

Auf seinen persönlichen Wunsch hin fand Jean Marais seine letzte Ruhestätte auf dem Alten Friedhof (Vieux Cimetière) von Vallauris. Rund 150 Meter vom Eingang entfernt ist das von dem exzentrischen Schauspieler selbst entworfene Grabmal kaum zu verfehlen. Marais, der zusammen mit Jean Cocteau rund ein halbes Dutzend Filme drehte, ließ sich bei dem Entwurf zu seinem Grab von dem poetisch-romantischen Märchenfilm »La Belle et la Bête« inspirieren, der erstmals 1946 auf den Filmfestspielen von Cannes zu sehen war. Die aus dem Film bekannten Masken und Accessoires tauchen die Ruhestätte in eine phantastische Aura, gekrönt wird das Marmorgrab von einer Sphinx mit Hirschgeweih.

Adresse Montée Sainte-Anne, 06220 Vallauris | **Anfahrt** Vallauris liegt zwischen Cannes und Antibes. Von Golfe Juan aus ist die Kleinstadt Vallauris über die D 135 zu erreichen, die Montée Sainte-Anne liegt in einer Seitenstraße. | **Öffnungszeiten** täglich Mai–Okt. 7.30–19 Uhr; Nov.–April 7.30–17 Uhr | **Tipp** Im Espace Jean Marais in der Avenue des Martyrs de la Résistance 3 wurde eine Dauerausstellung mit Fotografien und Töpferarbeiten des Schauspielers eingerichtet (Juli und Aug. täglich 10–13 und 15–19 Uhr, sonst Di–Sa 10–12.30 und 14–17.30 Uhr).

104 Homme au Mouton

Ein nobles Geschenk

Die Côte d'Azur war die Wahlheimat von Pablo Picasso, denn das
mediterrane Klima und die Landschaft erinnerten ihn an das Spa-
nien seiner Kindheit. Nach dem Ende des Zweiten Weltkriegs lebte
er erst zusammen mit Françoise Gilot in einem kleinen Haus in
Golfe-Juan, dann wurde ihm ein Stockwerk des Château von Antibes als Atelier angeboten, anschließend wohnte er zeitweise in
Vallauris, dann in Cannes und schließlich in Mougins, seinem Alterssitz. Glücklicherweise ist Picassos Kunst an der Côte d'Azur
nicht nur im Museen zu finden, sondern auch an einem öffentlichen
Platz in Vallauris.

Vallauris ist eine Kleinstadt, deren lokale Tradition der Töpferei
bis ins Spätmittelalter zurückreicht. Auch Pablo Picasso begeisterte
sich für die Töpferkunst, als er im August 1946 die Bekanntschaft
von Georges und Suzanne Ramié machte, die ihn in ihre Keramik-
werkstatt nach Vallauris einluden. Nachdem er sich nach anfängli-
cher Skepsis mit dem ungewöhnlichen Werkstoff angefreundet hatte, arbeitete Picasso fast zwei Jahre in deren Töpferei. Viele seiner
damals entstandenen Werke sind heute im Picasso-Museum von
Antibes zu bewundern.

Der größte Teil des Museumsfundus entstammt einer Schenkung des Künstlers, der in dieser Hinsicht stets sehr großzügig war.
Auch gegenüber den Stadtvätern von Vallauris zeigte er sich dank-
bar. Als ihn die Gemeinde 1950 zum Ehrenbürger ernannte und für
ihn ein großes Fest ausrichtete, übergab Picasso der Stadt den Bron-
zeabguss einer Gipsskulptur (Homme au Mouton), die er 1943 in
Paris als Zeichen der Hoffnung und des Friedens gefertigt hatte.
Der »Mann mit dem Schaf«, eine anrührende und realistische Darstellung, steht seither mitten auf dem Marktplatz im Herzen von
Vallauris. Ironischerweise bildet die Skulptur einen interessanten Gegensatz zu dem martialisch-pompösen Kriegerdenkmal, das auf der
anderen Seite des Platzes steht.

Adresse Place Isnard, 06220 Vallauris | **Anfahrt** Vallauris liegt zwischen Cannes und Antibes. Von Golfe Juan aus ist die Kleinstadt Vallauris über die D 135 zu erreichen. Die Place Isnard liegt im oberen Teil der Altstadt. | **Tipp** In unmittelbarer Nähe, an der Place de la Libération, befindet sich eine romanische Kapelle mit Picassos berühmtem Wandgemälde »La Guerre et la Paix« (Krieg und Frieden). Sie wurde zum National-museum erklärt (Mo, Mi–So und an Feiertagen 10–12.15 und 14–17 Uhr, im Juli und Aug. 10–19 Uhr, www.musee-picasso-vallauris.fr).

Pablo Picasso
L'homme au mouton
Bronze offert par le MAÎTRE en 1949
A la ville de Vallauris Golfe-Juan

105__Die Grotten

Eine ungewöhnliche Felsenburg

Villecroze war bereits in frühgeschichtlicher Zeit besiedelt: Der Ortsname (Ville creusée) erinnert noch daran, dass die ersten Häuser des Dorfes mühsam in den weichen Tuffsteinfels gegraben wurden. In der Spätantike gründeten die Römer eine kleine Siedlung, deren Reste allerdings einem Sarazenenangriff zum Opfer fielen. Später wurde ein Benediktinerkloster errichtet, das von den Tempelrittern übernommen wurde, die wiederum von den Maltesern abgelöst wurden. Vom wehrhaften Charakter des Ortes zeugt noch heute der kreisförmige Grundriss mit den in die Stadtmauern integrierten Häusern.

Auf den ersten Blick ist Villecroze ein für die Region Haut-Var typisches Dorf: enge Gassen, ein paar Arkaden und Cafés, dazu ein platanenbestandener Dorfplatz. Der richtige Ort für ein paar stille Tage. Doch wer ein paar Minuten nach Norden läuft, steht unverhofft mitten in einem traumhaften Park. Mit seinen Palmen, exotischen Pflanzen und dem breiten Wasserfall, der sich aus einer Höhe von 35 Metern spektakulär über einen Abhang ergießt, mutet das Szenario geradezu paradiesisch an. Erst auf den zweiten Blick entdeckt man neben dem Wasserfall ein paar Fensteröffnungen und Mauern, die wie Bienenwaben in den Felsen hineingebaut erscheinen.

Die Fenster gehören zu einer ungewöhnlichen Burg, die sich ein Adeliger namens Nicolas d'Albertas im 16. Jahrhundert vor den Grotten errichten ließ, da er sich während der Religionskriege vor marodierenden Banden fürchtete. Die ungewöhnliche Festung besteht aus mehreren kleinen und größeren Räumen, die bis zu sieben Meter hoch sind. Manche Wände sind feucht und glänzen geheimnisvoll im Licht. Über Treppen und enge Schlupflöcher sind die Felskammern miteinander verbunden, wobei im hinteren Teil der rund 700.000 Jahre alten Grotte auch faszinierende Tropfsteine und ein unterirdischer See zu bewundern sind.

Adresse 83690 Villecroze | **Anfahrt** Villecroze liegt 20 Kilometer westlich von Draguignan an der D 557. Der Park liegt am nördlichen Dorfrand. | **Öffnungszeiten** Juli, Aug. täglich 10–13 und 15–18.30 Uhr; Sept.–Juni Mo, Fr, Sa und So 14–18 Uhr | **Tipp** Lebendig wird der Ort am Donnerstagvormittag, denn dann wird ein bunter provenzalischer Markt abgehalten.

106_ Die Chapelle Saint-Pierre

Jedem Maler seine Kapelle

Jean Cocteau, der jahrzehntelang in Villefranche-sur-Mer den Sommer verbrachte, ist wahrscheinlich unzählige Male an der kleinen romanischen Hafenkapelle vorbeigelaufen, ohne diese recht zu beachten. Das vor sich hin bröckelnde Kirchlein, das Petrus, dem Patron der Fischer, geweiht war, diente damals nur noch zur Aufbewahrung von Fischernetzen, Gottesdienste wurden schon lange nicht mehr abgehalten.

Nachdem aber Matisse in Vence den Wandschmuck und die Glasfenster der Chapelle du Rosaire gestaltet und sich Picasso in Vallauris mit dem Wandfresko »Krieg und Frieden« verewigt hatte, kam der Tausendsassa ins Grübeln und erinnerte sich an die leer stehende Hafenkapelle. Ein Künstler ohne eigenes Gotteshaus? Jean Cocteau ging zur Stadtverwaltung und konnte den Bürgermeister überzeugen, ihm 1956 die Renovierung anzuvertrauen. Fünf Monate lang arbeitete Cocteau in dem kleinen Kirchenschiff, um es mit Szenen aus dem Leben des Saint-Pierre auszuschmücken.

Phantasievoll hat er seine eigene Interpretation des Apostellebens in zarten Pastelltönen an die Wand gemalt. Eine poetische Verbeugung mit Fischer- und Zigeunermotiven, eingerahmt von Engeln und Aposteln, deren Augen Fischen ähneln. Nach seiner eigenen Gläubigkeit befragt, antwortete Cocteau kokett: »Ich glaube an den Gott, der an meine Kapelle glaubt …« Zudem habe er »die Poesie betreten, wie man in eine Religion eintritt. Daher ist die Kapelle von Villefranche religiös.«

Pablo Picasso, der zu den ersten Betrachtern der Fresken zählte, hegte gewisse Zweifel an den Beweggründen des malenden Dichters: »Jean ist dermaßen versessen darauf, dass über ihn geredet wird, dass er sogar imstande wäre, den Bahnhof Saint Lazare auszumalen.« Und als der Schauspieler Noël Coward zusammen mit Greta Garbo die Kapelle besichtigte, wunderte er sich, dass alle Apostel Cocteaus Freund Jean Marais so ähnlich sahen …

Adresse Quai Amiral Courbet, 06230 Villefranche-sur-Mer | **Anfahrt** 5 Kilometer östlich von Nizza, direkt an der Küstenstraße (M 6098). Eine Stichstraße führt hinunter direkt zum Hafen. | **Öffnungszeiten** Ostern–Okt. Di–So 10–12 und 15–19 Uhr | **Tipp** Im »La Mère Germaine«, dem Hafenrestaurant am Quai de l'Amiral Courbet, war schon Jean Cocteau zu Gast. Es ist bekannt für leckere Meeresfrüchte (Tel. 0033/(0)493017139, www.meregermaine.com).

107 __ Die Citadelle Sainte-Elme

Kunst statt Kanonen

Villefranche-sur-Mer wurde als Freihafen gegründet. Lange Zeit gehörte das Städtchen zum Herzogtum Savoyen, das den Ort als Bollwerk gegen das benachbarte Frankreich ausbaute. Zum Schutz des Hafens wurde eine imposante Zitadelle errichtet, deren mächtige Kanonen die gesamte Bucht von Villefranche beherrschten. Mit ihren gezackten Bastionen, tiefen Gräben und meterdicken Wällen, die direkt bis hinunter an das Meer reichen, entsprach die Zitadelle den damals modernsten Anforderungen des Festungsbaus.

Es dauerte lange, bis Villefranches militärische Tradition zu Ende ging: Erst 1962 gaben die amerikanischen Marinestreitkräfte – das sehr tiefe Hafenbecken war auch für Kriegsschiffe geeignet – ihren Flottenstützpunkt an der französischen Mittelmeerküste auf. Die Stadt erwarb die Festung und richtete dort nicht nur ihr Rathaus ein, sondern nutzte die Räumlichkeiten als Kunst- und Museumsforum.

Seither werden in den ehemaligen Kasernengebäuden, die in kräftigen gelben und roten Erdfarben gestrichen sind, verschiedene Kunstsammlungen präsentiert. Am eindrucksvollsten ist sicherlich die Skulpturensammlung des einheimischen Bildhauers Antoniucci Volti, der mit Bronze, Kupfer und Ton gearbeitet hat (Fondation Volti). Einige seiner methaphorischen Skulpturen sind auch auf dem Freigelände zu bewundern. Das Musée Goetz-Boumeester – eine Stiftung des eng mit Villefranche verbundenen Künstlerpaars Henri Goetz und Christine Boumeester – besitzt auch eine kleine Sammlung mit Werken von Picasso, Miró, Picabia und Hartung. Wer sich für historische Keramikfiguren interessiert, sollte die Collection Roux besuchen. Die militärische Tradition wurde aber nicht ganz vergessen: In einem kleinen Teil der Zitadelle wird an das 24. Bataillon der französischen Alpen-Infanterie erinnert, das hier von 1876 bis 1939 stationiert war.

Adresse Rue de la Citadelle, 06230 Villefranche-sur-Mer | **Anfahrt** 5 Kilometer östlich von Nizza, direkt an der Küstenstraße (M 6098). Eine Stichstraße führt hinunter direkt zum Hafen. | **Öffnungszeiten** Okt. und Dez.–Mai 10–12 und 14–17.30 Uhr; Juni und Sept. 9–12 und 14.30–18 Uhr; Juli und Aug. 10–12 und 14.30–19 Uhr, Sonntagvormittag und Di sowie im Nov. geschlossen | **Tipp** In der Zitadelle gibt es von Mitte Juni bis Mitte Sept. jeden Abend um 21.30 Uhr ein Freiluftkino (Cinéma de Plein Air).

108_ Das Hôtel Welcome

Wilde Zeiten im Künstlerhotel

Um keine falschen Erwartungen hervorzurufen: Die wilden Zeiten sind definitiv vorbei! Trotzdem zehrt das Hôtel Welcome noch immer von seinem legendären Ruf aus der Zeit, als es Jean Cocteau und seine Künstlerfreunde in den 1920er Jahren hier mächtig krachen ließen. Das stufenförmig an einen Hang gebaute Villefranche galt damals als der Treffpunkt für Homosexuelle an der Côte d'Azur. Cocteau verweilte mehrere Sommer mit seiner Clique in der damals noch recht einfachen Herberge. Hier feilte er an seinem »Orpheus« und vergnügte sich mit den jungen Matrosen der damals vor Anker liegenden Militärschiffe. »Wir malten, wir schrieben, wir besuchten einander von Zimmer zu Zimmer.«

Cocteaus Lieblingsraum war das Eckzimmer mit Hafenblick. Wie in einer Opernloge konnte er hier das Treiben an der Mole verfolgen. Es müssen herrliche Zeiten für ihn und seine Zeitgenossen gewesen sein, der Geruch von Opium strömte durch die Flure des »verwunschenen Hotels«, das berühmte Künstlermodell Kiki de Montparnasse stritt sich mit ortsansässigen Huren und wurde an der Bar verhaftet, nachdem sie auf einen Polizisten eingeschlagen hatte, der sich in ihre Auseinandersetzung eingemischt hatte. Großzügig übernahm der Fotograf Man Ray die Strafe, und Kiki wurde wieder auf freien Fuß gesetzt.

In das imaginäre Gästebuch des Hôtel Welcome haben sich auch Oscar Wilde, Charles Baudelaire, Isadora Duncan, Albert Einstein, Errol Flynn und André Gide eingetragen. Erika und Klaus Mann schrieben 1931 in einem Reiseführer, von den Hotels in Villefranche sei das Welcome »das einzige, das hier in Frage kommt«. Und noch heute gilt: Die Lage des Hotels ist phantastisch, nur ist alles längst ein wenig schnieker, die teuersten Zimmer begeistern gar mit einem Schiffskabinenflair. Und vom Opium ist auch dringend abzuraten – selbst für die berühmte Zigarette danach muss man inzwischen auf den Balkon gehen.

Adresse 3, Quai Amiral Courbet, 06230 Villefranche-sur-Mer, Tel. 0033/(0)493762762, www.welcomehotel.com | **Anfahrt** 5 Kilometer östlich von Nizza, direkt an der Küstenstraße (M 6098). Eine Stichstraße führt hinunter direkt zum Hafen. | **Tipp** Die Stadtväter ehrten Cocteau 1989 mit einer Büste, die sie gegenüber dem Hôtel Welcome aufstellten. »Wenn ich Villefranche betrachte, sehe ich meine Jugend«, wird der Künstler zitiert.

109__Die Rue Obscure

Eine Straße in die Unterwelt

Villefranche-sur-Mer ist ein lebendiges kleines Hafenstädtchen mit einer mächtigen Zitadelle, die daran erinnert, dass der Ort jahrhundertelang als savoyisches Bollwerk gegen Frankreich diente. Entlang des Hafenkais preisen die Restaurants ihre frischen, auf Eis dekorierten Meeresfrüchte an, dahinter stapeln sich die Häuser den Hang empor. Doch sobald man den Hafen verlässt und sich in eine der schmalen Gassen schlägt, gelangt man in eine dunkle, geheimnisvolle Welt.

Parallel zum Hafen erstreckt sich die Rue Obscure, eine nahezu vollkommen überbaute, rund 130 Meter lange Straße, die entlang der ersten mittelalterlichen Stadtmauer verläuft. Verwundert reibt man sich die Augen, das Licht ist schummrig, die Luft auch im Sommer angenehm kühl. Ursprünglich erleichterte die Rue Obscure – sie stammt aus dem späten 13. Jahrhundert – im Verteidigungsfall militärische Manöver, ohne dass diese von den Angreifern gesehen werden konnten. In späteren Jahren bot die Gasse der Bevölkerung Schutz vor dem Bombardement feindlicher Schiffe.

Es ist wie eine Zeitreise ins dunkle Mittelalter: Die von Arkaden überwölbte Gasse mutet wie ein finsterer Tunnel an, der das Tageslicht und alle Meeresgeräusche schluckt. Wenn man in den Abendstunden allein ist, kann man hier seiner Phantasie freien Lauf lassen und sich leicht ein paar Schauergeschichten ausmalen. Jean Cocteau hat das mystische Flair der skurrilen Gasse genutzt, um Szenen für seinen Film »Le Testament d'Orphée« zu drehen. Später soll es hier zu diversen Ausschweifungen gekommen sein, besonders in den 1970er Jahren, als die Rolling Stones wiederholt wilde Partys in Villefranche-sur-Mer gefeiert und nach der Meinung einiger Einwohner die Jugend des Ortes verdorben hatten. Die Stones haben übrigens ihr berühmtes Album »Exile on Main St.« im Keller der von Keith Richards gemieteten Villa Nellcôte in Villefranche aufgenommen.

Adresse Rue Obscure, 06230 Villefranche-sur-Mer | **Anfahrt** 5 Kilometer östlich von Nizza, direkt an der Küstenstraße (M 6098). Eine Stichstraße führt hinunter direkt zum Hafen. | **Tipp** Wer nach der dunklen Gasse nach Sonne lechzt, kann an der östlich des Ortes gelegenen Plage des Marinières herrlich baden.

110__ Das kulinarische Museum

Ein Museum für die hohe Kochkunst

Villeneuve-Loubet ist ein beschauliches Dorf zwischen Antibes und Nizza. Ein kleines Stück vom Meer entfernt, gibt es eine zinnenbekrönte Burg, eine Kirche und einen netten Marktplatz, ansonsten herrscht das unspektakuläre Flair eines kleinen Landstädtchens. Nachtleben – Fehlanzeige.

Vor 150 Jahren ging es hier am Ufer des Loup sicherlich noch beschaulicher zu. Und vielleicht war es auch dem kleinen Auguste Escoffier recht langweilig, jedenfalls stand der kleine Knirps schon früh am Herd und half seiner Großmutter beim Kochen. Mit 13 Jahren begann er dann im Restaurant seines Onkels eine Lehre, und ein unaufhaltsamer Aufstieg begann: Schon fünf Jahre später debütierte Escoffier als Chef de Cuisine im Hôtel Bellevue in Nizza. In den nächsten Jahrzehnten kochte er in den berühmtesten Hotels der Welt, seine bekanntesten Wirkungsstätten waren das Pariser Ritz und das Londoner Carlton, doch hat er auch Hotelküchen in New York und Pittsburgh organisiert und war als Küchendirektor für die Hamburg-Amerika-Schifffahrtslinie verantwortlich.

Wie kaum ein anderer Küchenchef hat der am 28. Oktober 1846 in Villeneuve-Loubet geborene Escoffier den Ruf der französischen Küche geprägt; er gilt als derjenige Koch, der die Haute Cuisine international etabliert und standardisiert hat. Gleichzeitig war Escoffier um die Vereinfachung und Harmonisierung der Geschmacksnuancen bemüht: Sein Pfirsich Melba – benannt nach der Opernsängerin Nellie Melba – balancierte den Geschmack eines frischen Pfirsichs mit Vanille-Eiscreme durch die Zugabe pürierter Himbeeren aus.

Vor ein paar Jahrzehnten eröffnete die Gemeinde Villeneuve-Loubet im Geburtshaus von Auguste Escoffier ein Museum für die hohe Kochkunst. In mehreren Räumen sind zahllose Speisekarten, Kochbücher sowie Küchengeräte ausgestellt. Eine originalgetreu ausgestattete provenzalische Küche aus dem 19. Jahrhundert fehlt ebenfalls nicht.

Adresse 3, Rue Escoffier, 06270 Villeneuve-Loubet, www.fondation-escoffier.org |
Anfahrt Villeneuve-Loubet liegt 10 Kilometer südwestlich von Nizza direkt an der
Küstenstraße (M 6098). | **Öffnungszeiten** Sept., Okt., Dez.–Juni täglich 14–18 Uhr;
Juli und Aug. täglich 14–19 Uhr sowie Mo, Di, Do, Fr, So auch 10–12 Uhr, im Nov.
geschlossen | **Tipp** Auguste Escoffier starb 1935 in Monte Carlo. Begraben wurde er in
der monumentalen Familiengruft auf dem Dorffriedhof von Villeneuve-Loubet.

111__Die Marina Baie des Anges

Kunstvoll gestapelte Ferienträume

Die 1960er Jahre waren nicht nur in Deutschland eine Zeit des Aufschwungs. Auch andere Industrieländer wie Frankreich prosperierten, der Wohlstand nahm zu, die Lebensumstände verbesserten sich. Die Arbeitnehmer bekamen mehr Urlaub, und immer mehr Menschen konnten sich eine Ferienreise oder gar einen Zweitwohnsitz im Süden leisten.

Da Grund und Boden nicht nur in Paris, sondern auch an der Côte d'Azur teuer waren, begann man, in die Höhe zu bauen. Das spektakulärste Bauprojekt jener Jahre war ein als Marina Baie des Anges bezeichneter Ferienkomplex, der ab 1968 am Ende der Engelsbucht auf einem bis dato öden Landstrich zwischen Meer und Eisenbahnlinie errichtet wurde. Der Architekt André Minangoy entwarf eine moderne Ferienmaschine mit Ladenstraßen, Arztpraxen und einem Yachthafen für 530 Schiffe. Marina Baie des Anges besteht aus vier riesigen, geschwungenen Gebäudekomplexen, die jeweils an ein gigantisches weißes Segel erinnern und deren Balkone sich bis zum 20. Stock kaskadenförmig übereinanderstapeln. In jedem der vier auf die blumigen Namen l'Amiral, le Baronnet, le Commodore und le Ducal getauften Häuser gibt es rund 330 Wohnungen, die sich jeweils von der Nord- zur Südseite des Gebäudes erstrecken, sodass der Meerblick garantiert ist. Für einen »kleinen« Aufpreis gab es einen Ankerplatz inklusive. Mit anderen Worten: der ideale Ort für wohlhabende Pensionäre, die ihren Lebensabend in einem Hochhaus mit Sonnenscheingarantie verbringen wollen.

Anfangs war das 1993 abgeschlossene Bauprojekt höchst umstritten. Inzwischen gilt es aber als Vorzeigeobjekt und wurde vom Kultusministerium zum »Patrimoine du XXe siècle« ernannt. Die zwischen 25 und 110 Quadratmeter großen Appartements kosten heute je nach Lage bis zu einer Million Euro.

Adresse 06270 Villeneuve-Loubet | **Anfahrt** Villeneuve-Loubet liegt 10 Kilometer südwestlich von Nizza direkt an der Küstenstraße (M 6098). | **Tipp** Zahlreiche Appartements werden auch als Ferienwohnungen vermietet, sodass man sich hier auch wochenweise einmieten kann. Der Architekt André Minangoy hat an der Côte d'Azur noch das oberhalb von Monaco gelegene Vista Palace Hotel entworfen (www.vistapalace.com).

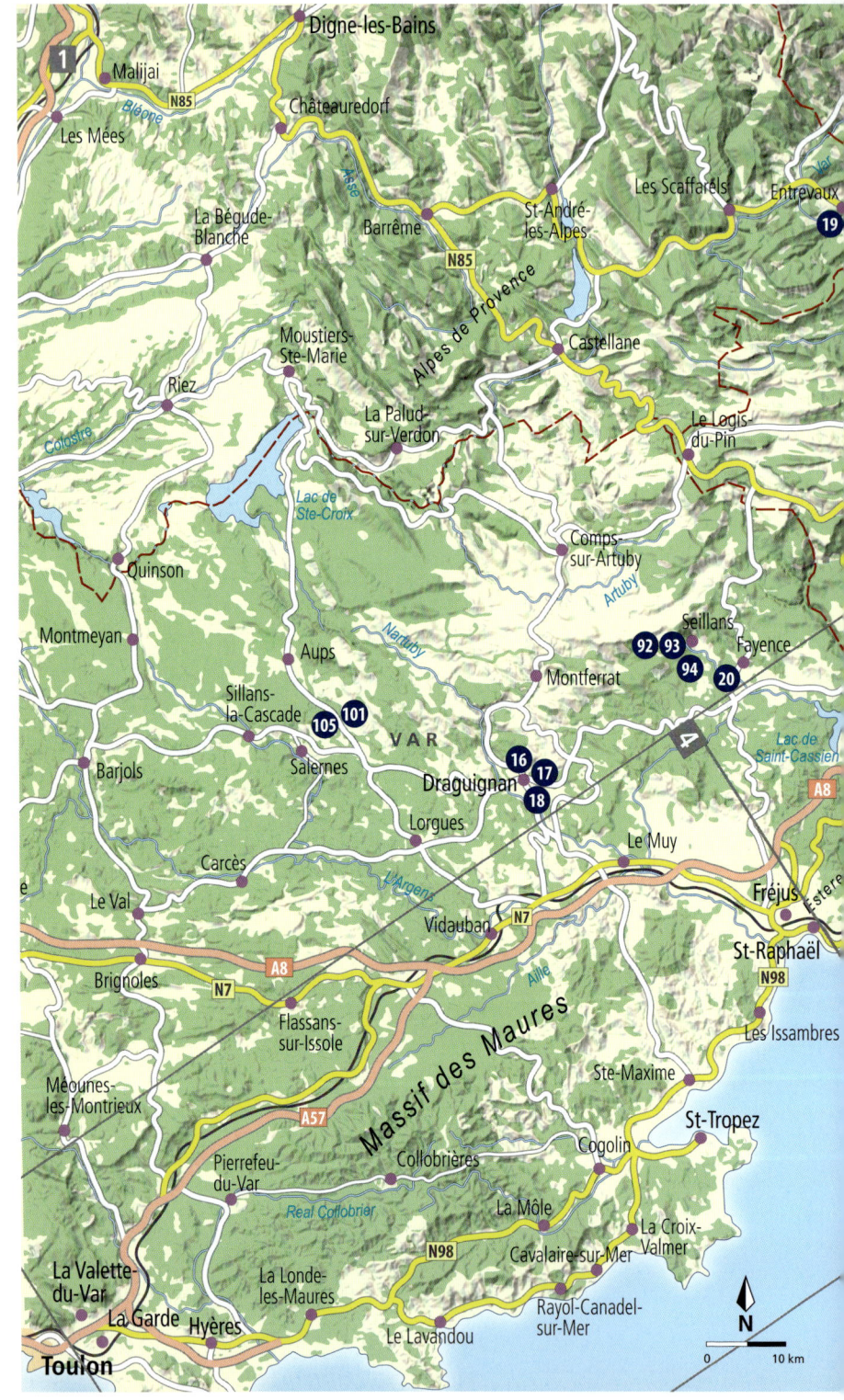

Guillaumes

St.-Sauveur-
sur-Tinée

36

St.-Martin-
Vésubie

79

97 **96**

2

24

75

La
Brigue

33

luis

32

40

Saorge

91

Puget-
Théniers

Touët-
sur-Var

Villars-
sur-Var

68 N202

99

La Bollène-
Vésubie

Moulinet

4

Breil-
sur-Roya

95

Utelle

5

I T A L I E N

102

3

A L P E S
M A R I T I M E S

Gréolières

Sospel

N202

A8

Carros

Ventimiglia

Monaco

N85

Nizza

Grasse

A8

Cannes

7

Agay

N

0   10 km

3

Sospel

50

Menton

42 43
44
45 46

Sainte-
Agnès

76

Coaraze

12

72 73

Roquebrune-Cap-Martin

74

A8

Monaco

47 48 49

La Turbie

35

8

Cap-d'Ail

9

Beaulieu-
sur-Mer

Villefranche-
sur-Mer

3

Saint-Jean-
Cap-Ferrat

Saint-Martin-
du-Var

106 107

108 109

77 78

Nizza

5

Arenas

64

Villeneuve-
Loubet

110

111

A8

Gourdon

25

1 2

Antibes

Juan-les-Pins

30 31

Vallauris

Grasse

103 104

N85

26

29

6 7

Cannes

39

Mandelieu-
la-Napoule

98

Théoule-
sur-Mer

Lac de
St.-Cassien

Estérel

N7

A8

41

Agay

10

0   6 km

Map 5 — NIZZA

Blvd. Joseph Garnier

Boulevard Gambetta

Boulevard Gambetta

Avenue Jean Médecin

Boulevard Victor Hugo

Boulevard Risso

NIZZA

Place Masséna

Quai des États-Unis

Promenade des Anglais

5

62
54
60 57
55
61 51 63
53 52
58
59 65
56

N

0   400 m

Map 6 — ST. TROPEZ

6

ST. TROPEZ

Citadelle de Saint-Tropez

Rue de la Citadelle

Rue Général Allard

Avenue Paul Signac

Avenue Foch

Place Carnot

Boulevard L. Blanc

Place XVe Corps

Avenue du Général Leclerc

Avenue A. Grangeon

89
83
81
90 80
88
85
87
82
86

N

0   200 m

Rüdiger Liedtke
111 Orte auf Mallorca, die man gesehen haben muss
ISBN 978-3-89705-975-7

Susanne Thiel
111 Orte in Madrid, die man gesehen haben muss
ISBN 978-3-95451-118-1

Ralf Nestmeyer
111 Orte in der Provence, die man gesehen haben muss
ISBN 978-3-95451-094-8

Peter Eickhoff
111 Orte in Wien, die man gesehen haben muss
ISBN 978-3-89705-969-6

Stefan Spath
111 Orte in Salzburg, die man gesehen haben muss
ISBN 978-3-95451-114-3

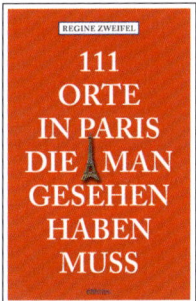

Regine Zweifel
111 Orte in Paris, die man gesehen haben muss
ISBN 978-3-89705-823-1

Dirk Engelhardt
111 in Barcelona, die man gesehen haben muss
ISBN 978-3-95451-066-5

John Sykes
111 Orte in London, die man gesehen haben muss
ISBN 978-3-95451-117-4

Annett Klingner
111 Orte in Rom, die man gesehen haben muss
ISBN 978-3-95451-219-5

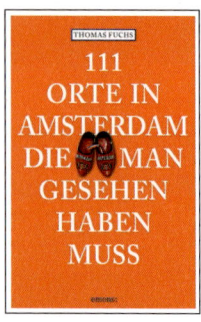

Thomas Fuchs
111 Orte in Amsterdam, die man gesehen haben muss
ISBN 978-3-95451-209-6

Stefan Spath, Gerald Polzer
111 Orte im Salzkammergut, die man gesehen haben muss
ISBN 978-3-95451-231-7

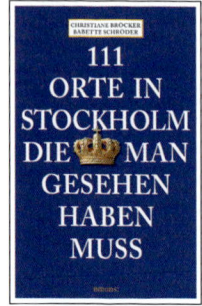

Christiane Bröcker,
Babette Schröder
111 Orte in Stockholm, die man gesehen haben muss
ISBN 978-3-95451-203-4

Sabine Gruber, Peter Eickhoff
111 Orte in Südtirol, die man gesehen haben muss
ISBN 978-3-95451-318-5

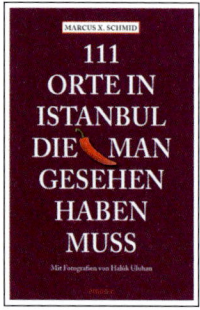

Marcus X. Schmid
111 Orte in Istanbul, die man gesehen haben muss
ISBN 978-3-95451-333-8

Gerd Wolfgang Sievers
111 Orte in Venedig, die man gesehen haben muss
ISBN 978-3-95451-352-9

Rüdiger Liedtke,
Laszlo Trankovits
111 Orte in Kapstadt, die man gesehen haben muss
ISBN 978-3-95451-456-4

Eckhard Heck
111 Orte in Maastricht, die man gesehen haben muss
ISBN 978-3-95451-368-0

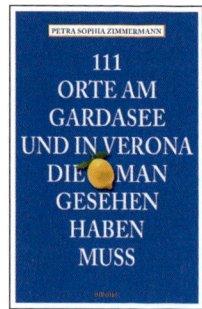

Petra Sophia Zimmermann
111 Orte am Gardasee und in Verona, die man gesehen haben muss
ISBN 978-3-95451-344-4

Lucia Jay von Seldeneck,
Carolin Huder, Verena Eidel
111 Orte in Berlin, die
man gesehen haben muss
ISBN 978-3-89705-853-8

Bernd Imgrund
111 Kölner Orte, die man
gesehen haben muss
Band 1
ISBN 978-3-89705-618-3

Lucia Jay von Seldeneck,
Carolin Huder, Verena Eidel
111 Orte in Berlin,
die Geschichte erzählen
ISBN 978-3-95451-039-9

Rike Wolf
111 Orte in Hamburg, die
man gesehen haben muss
ISBN 978-3-89705-916-0

Gabriele Kalmbach
111 Orte in Stuttgart, die
man gesehen haben muss
ISBN 978-3-95451-004-7

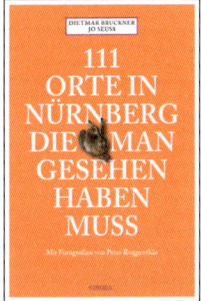

Dietmar Bruckner, Jo Seuß
111 Orte in Nürnberg, die
man gesehen haben muss
ISBN 978-3-95451-042-9

Rüdiger Liedtke
111 Orte in München, die
man gesehen haben muss
ISBN 978-3-89705-892-7

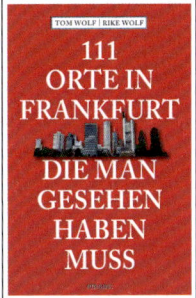

Rike Wolf, Tom Wolf
111 Orte in Frankfurt, die
man gesehen haben muss
ISBN 978-3-95451-342-0

Peter Eickhoff
111 Düsseldorfer Orte, die
man gesehen haben muss
ISBN 978-3-89705-699-2

Danksagung

Mein Dank gilt Atout France, dem Comité Régional du Tourisme Provence-Alpes-Côte d'Azur sowie den Tourismusorganisationen der Départements für ihre Hilfe und Unterstützung, insbesondere Susanne Zurn-Seiler, Ralph Schetter und Monika Fritsch. Ein weiteres besonderes Dankeschön geht an Monika Ettl.

Der Autor

Ralf Nestmeyer ist Historiker und kennt die Côte d'Azur seit drei Jahrzehnten. Er ist Reisejournalist und Autor von mehreren Reiseführern über Südfrankreich (Michael-Müller-Verlag); zudem hat er für den Insel Verlag ein Buch über »Französische Dichter und ihre Häuser« sowie einen literarischen Reiseführer über die Provence und Côte d'Azur (Klett-Cotta Verlag) geschrieben. Im Emons Verlag erschien sein Provence-Krimi »Roter Lavendel«. www.nestmeyer.de